云南省社科规划社会智库项目（项目编号：SHZK2024326）

云南省教育厅科学研究基金项目（项目编号：2024J0658）

云南财经大学科学研究基金项目（项目编号：2023D22）

本书得到云南财经大学博士学术基金资助出版

中国创意管理前沿研究系列

China Creative Management Frontier Research Series

文化企业家胜任力

——小微创意企业实现创意到创新转化价值网视角

Competencies of Cultural Entrepreneurs:

A Value Network Perspective on the Transformation from Creativity to Innovation in Small and Micro Creative Enterprises

刘凌艳 杨永忠 著

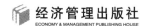

经济管理出版社

ECONOMY & MANAGEMENT PUBLISHING HOUSE

图书在版编目（CIP）数据

文化企业家胜任力：小微创意企业实现创意到创新
转化价值网视角 / 刘凌艳，杨永忠著. -- 北京：经济
管理出版社，2024. -- ISBN 978-7-5096-9871-6

Ⅰ. K825.38

中国国家版本馆 CIP 数据核字第 202466D6K5 号

组稿编辑：郭丽娟
责任编辑：郭丽娟　康国华
责任印制：许　艳
责任校对：蔡晓臻

出版发行：经济管理出版社
　　　　　（北京市海淀区北蜂窝 8 号中雅大厦 A 座 11 层　100038）
网　　址：www.E-mp.com.cn
电　　话：(010) 51915602
印　　刷：唐山昊达印刷有限公司
经　　销：新华书店
开　　本：720mm×1000mm/16
印　　张：12
字　　数：216 千字
版　　次：2025 年 1 月第 1 版　　2025 年 1 月第 1 次印刷
书　　号：ISBN 978-7-5096-9871-6
定　　价：88.00 元

创意管理，十年为歌

（总序）

杨永忠

从文化到创意，从产业管理到创意管理，这些研究展现着文化创意产业的发展变迁。今天，学界和业界越来越形成共识：文化创意产业的灵魂是创意，文化创意产业的关键是管理，由此滋生的创意管理是文化创意产业发展的新兴领域和核心命题。

然而，十余年前人们对创意管理这一概念还比较陌生。以创意管理命名的组织、机构凤毛麟角。犹记得，在成都首届创意设计周论坛上，我以四川大学创意管理研究所所长的身份，与来自台湾地区的苏荷创意管理公司的总经理张庭庭相逢，交换名片的瞬间，彼此间的欣喜与惺惺相惜溢于言表。我们是她所知道的两岸第一个以创意管理命名的研究机构，而他们也是我所知道的首家注册创意管理的实践组织。我发起并联合张总推进了一系列创意管理普及性活动，如创意成都夜话、文化企业家讲坛，在媒体的报道里，有创意管理"东张西杨"之说。

我于 2012 年 3 月从澳大利亚公派访学回来，基于对文化资本这一新兴资本的创造性力量的洞察，以起于青萍之末的第二次文艺复兴为社会变迁背景，我将创意管理逐步定义为新兴的工商管理分支领域与交叉学科，开始着手创意管理的持续研究。在四川大学的支持下，我们出版了《中国创意管理前沿研究系列》丛书，在工商管理专业增设了创意管理博士培养点（方向），创立了《创意管理评论》学术集刊，发起了首届中国创意管理论坛。一系列成果和活动产生了广泛的社会影响。2016 年，在教育部新世纪优秀人才项目结题评审中，中国人民大学金元浦教授认为四川大学创意管理研究所在国内创意管理领域所开展的前沿性探索，体现了理论演进的国际转化路径。今天，我们欣喜地看到，有关创意管理的研究和活动已经风起云涌。这些研究越来越广泛，涉及文化创意的价值管理、创意实施的跨层次传导、网络众包模式下用户创意质量、数字创意产品多业态联动开发、创新模糊前端创意扩散、创业团队创意方案知识寻求等诸多领域。

有了相关的研究基础，创意管理的教学也在四川大学、北京大学等高校启动。我们从 2012 年起在四川大学商学院开始《创意与创新管理》的本科教学，采用的是自编的教材。从 2014 年开始，在 MBA 教学中引入《文化创意产品开发》选修课程。2018 年，《创意管理学导论》在经济管理出版社正式出版，在一定程度上解决了国内教材空白的问题。记忆犹新，2018 年我从吴承忠教授那里要到电话，非常忐忑地邀请熊澄宇教授参加我们的第二届中国创意管理论坛。熊老师放弃了江西的一个重要活动，欣然而致，并且要我在《创意管理学导论》上签名留念，他说"你这是中国的第一本"，"所以我要来支持"。大家风范、期盼之情，感怀于心。时至今日，我们在教学方面已形成一系列的成果，其中最具代表性的是，2020 年《创意与创新管理》荣获首批国家级社会实践一流本科课程，同时其作为四川大学商学院重要成果荣获国家级教学成果二等奖。

通过十余年来的辛勤耕耘，我们发现，创意对人的成长、对组织的发展，何其重要。没有创意，哪有创新？没有卓越的创意，哪有划时代的创造？创意是一个人成长的开启。从"钱学森之问"中我们发现，中国之所以缺乏伟大的创新，很大一部分原因是缺乏创意。创意需要激发，创意需要转化，创意需要管理。但是，创意怎么管，管的边界、管的思维、管的方法、管的技术、管的规律具体为何，需要我们向社会不断普及创意管理知识。

因此，我们的创意管理教育不仅要向大学转化，还要向小学转化、向企业转化、向社区转化。2022 年，在清华大学雷家骕教授的支持下，首届创意管理"少年中国奖"在四川泸定桥小学颁奖，旨在探索当代中国创意的发生基础，激发孩子们的创造潜力，促使偏远地区的各族儿童在未来可以更加自信地去推动中国的创新发展。传统的学校教育已制约创意教育发展，因此需要更加广泛的主体从事创意教育。企业既是创意的主战场，也是创意教育的重要力量。2023 年 12月 8 日，首个创意管理教育企业示范基地得到徐光平董事长支持，在北京中关村中安吉泰科技有限公司挂牌，力求将企业看似日常的生产经验转化为孩子们创意激发的天堂。紧接着，2024 年 3 月 12 日，创意管理教育社区示范基地授牌仪式在成都高新区芳草街道蓓蕾社区"院朵"花园中心举行，这标志着创意管理教育实践已延伸到社区，将助力校社合作，推动创意管理教育为社区发展赋能，唤醒社会底层人民的创新意识，激发普通居民的自我实现能力。

创意管理这一新兴工商管理交叉学科在中国取得了长足发展，一个新兴学科的发展一般要具备"四个一"。

第一，有一个人才培养点。2014年，四川大学商学院率先在国内工商管理学科招收创意管理博士。2021年，西北民族大学管理学院自主设立了国内首个创意管理二级学科硕士点。自此，我国构建起了从硕士到博士的完整的创意管理人才培养体系。

第二，有一系列教材。从2018年经济管理出版社出版的《创意管理学导论》，到清华大学出版社出版的《新文科建设教材　创意管理系列》，这些作品的陆续出版响应了新兴学科的教材发展要求。

第三，有一本专业期刊。从2016年起，我们已经在经济管理出版社、厦门大学出版社连续出版《创意管理评论》，至今已出版了九卷，第十卷即将由台湾文藻外语大学出版，并在酝酿英文期刊。

第四，有一个专业学术会议。从2017年在成都发起中国创意管理论坛，到2019年召开中国技术经济学会国际创意管理专委会年会，再到2024年第六届国际创意管理大会在香港城市大学圆满落幕，这些活动展现了稳定的产学研合作交流平台。未来计划第七届国际创意管理大会在澳门城市大学召开，第八届在伦敦大学学院举行。从内地到境外，再到海外，这些活动真正在实现我们当初的愿景，一步步从中国走向世界，真正发出我们中国学者的声音，同时是在世界的学术舞台或思想平台上展示中国学者给人类带来的启迪智慧。

目前，我们正在将我们的创意管理研究，结合新的经济发展阶段和人工智能技术，拓展到创意科学、创意民主领域。2024年，我们发布了自我实现指数，开展了自我实现榜样评选，进一步基于自我实现提出了上升到宏观层面的中国第四经济发展模式。这些研究已经在《澳门文化旅游报》连续刊登，引发了广泛的社会关注和积极的学术评价。有专家说，"石破天惊，意义非凡"。

十余年来，我们所做的创意管理系列开拓性工作先后得到了中央电视台、中国社会科学报、四川卫视、封面新闻、华西都市报、河南卫视的相关报道。借此机会，我们向社会各界多年的支持和勉励表达衷心的感谢，特别向经济管理出版社的长期支持和厚爱表达热忱的谢意。

创意管理，看见看不见的好。每一个生命都生长着看不见的好，让更多的人看见看不见的好。

前　言

　　各国政府已经看到文化创意产业在推动国内生产总值增长、增加就业及加快城市发展方面发挥的重要作用，如今发展文化创意产业已成为各国政府制定经济政策的重要方向。该产业的发展完全取决于其基础构成单元——创意企业。由于文化企业家处于创意企业组织结构的金字塔顶端，发起和主导企业行为，因此创意企业需要他们通过对环境的认知并结合个人的判断来帮助企业做出决策、解决问题，其胜任力与创意企业发展的各个层面紧密相连。创意企业具有小、微的组织规模特点，其管理结构和独立性使文化企业家在企业经营中处于关键地位，企业的成功与失败在很大程度上取决于文化企业家个人的胜任力。另外，与传统企业不同，创意企业面临着更多的非结构化的、无法通过简单模仿或沿袭旧方法来解决的问题，更需要文化企业家具有超越传统企业家的胜任力。这样的背景使文化企业家胜任力的构成、变动和影响具有非常重要的经济、社会和政治意义，充分体现了研究价值。基于先前的研究，本书为了更好地体现代表性，选取占文化企业总数98.5%以上的小微创意企业，从企业根本运营模式的角度，构建基于创意到创新转化价值网的文化企业家胜任力模型。

　　学术界较为普遍使用的胜任力模型构建方法是行为事件法和职能法等，这些方法忽视了小微创意企业有别于传统企业的独特性，以及基于该独特性的文化企业家特有的胜任力。小微创意企业在一个高度协作、创造性和网络化的价值网中进行创意到创新转化的循环，这是其与传统企业完全不同的独特的运营模式。文化企业家以这种独特的运营模式为一切行为活动的价值载体。可见，要全面研究文化企业家有别于传统企业家的独特的价值活动，就必须采用特定情境下的分析框架。因此，本书从适应环境变化趋势的角度采用情境分析法，选择一组绩优的小微创意企业，基于它们实现创意到创新转化的多层次框架，获得文化企业家胜任力模型的全貌。该框架不仅使文化企业家在既定的环境条件下具备胜任力，也将直观和理性的信息处理相融合，能全面解释这种与传统企业家不同的胜任力。更具体地说，如果文化企业家希望成功经营，他的胜任力必须在一组相互关联的过程中显现（创意到创新转化的价值网）。因此，笔者把创意到创新转化价值网的三个核心结构单元作为衡量文化企业家行为能力的总体标准，并在此基础上对文化企业家的相关资料进行收集，有效地保证了整个研究在企业实际运营的情境下展开，更好地发挥了文化企业家胜任力的长期性、动态性和可控性。

首先，围绕创意和创新两个阶段的价值活动进行数据资料的收集与整理，使用软件 ATLAS. ti 7 建立了研究数据库，通过编码聚类和案例分析，构建了小微创意企业实现创意到创新转化的价值网模型，模型包括三个核心结构单元：①消费者单元，消费者向价值共创者的转变。②企业单元，由超越单个企业的价值链中相关企业形成的价值创造网络，向最终消费者提供价值。③虚拟价值网单元，由数字化与互联网形成因为虚拟价值网对物理价值网的补充与改善，实现了从虚拟和现实的角度最大化创造价值。可见，创意企业兼具文化和经济的模糊性，涉及与众多传统产业企业的融合，技术、组织创新和创造力使其与客户和公众的关系不再依赖于传统的集中生产。其运营模式是在一个高度协作、创造性和网络化的价值网中进行创意到创新转化的循环，具有互动性、融合性、个性化、协作和网络特征。

其次，以小微创意企业运营模式为基础，围绕创意到创新转化价值网的三个核心结构单元中的价值活动、行为、特质等，对案例企业的文化企业家和利益相关者进行深度访谈、实地观察，并对文献进行查阅，以完成数据收集与整理，使用软件 ATLAS. ti 7 建立了研究数据库，通过编码聚类和案例分析，识别和测量出基于三个核心结构单元的 14 种文化企业家特有的胜任力要素和 25 种传统企业家具有的胜任力要素，并根据 14 种特有的胜任力要素编制了培养分类表，为更加全面地分析和了解文化企业家特有的胜任力打下基础，帮助企业制定适应企业环境需要的发展规划。可见，文化企业家和传统企业家在企业中虽然扮演着相同的角色，但却具有不同的胜任力。本书使用基于创意到创新转化价值网的分析框架，为找出更多的与文化企业家工作角色相关的胜任力要素提供了有效的视角，发现了文化创意资源识别力、协调和利用艺术、建立并保持文化声誉和创造性声誉、使用文化声誉和创造性声誉、建立文化企业家品牌、寻求艺术与商业的平衡、在互联网背景下理解复杂的身份和权利、艺术品位和艺术敏感性、文化创意资源的开发利用、创意人才招聘、专业知识与技能、利用产品造势并了解和进入市场、创建消费者价值共创体系、对艺术守护者角色的承诺共 14 种文化企业家特有的胜任力要素。

最后，基于创意到创新转化价值网的三个核心结构单元，把 39 种胜任力要素划分为三个胜任力领域和一个支持领域，最终构建了基于创意到创新转化价值网的文化企业家胜任力概念模型。该模型由消费者单元领域、企业单元领域、虚拟价值网单元领域、支持胜任力领域四个部分构成，可进一步进行不同胜任力领域的比较和验证研究。支持胜任力领域对主要胜任力领域起到支持作用，将支持胜任力领域与主要胜任力领域区分开来，使未来能够更进一步研究不同胜任力的职能。本书试图通过识别和探讨文化企业家在创意企业中的胜任力，帮助文化企业家成长，为他们所在地区的经济作出积极的贡献，并由此引出一些管理启示。

本书结合小微创意企业的特殊性，在创意到创新转化价值网的基础上探索文化企业家胜任力模型，是综合文化经济学和创意管理学等学科知识的一个新尝试。本书的主要特色和创新之处表现在以下几个方面：

第一，结合小微创意企业的特殊性（以实现创意到创新转化价值网为社会和情境定义）对文化企业家胜任力进行探析由本书首次提出，学术界尚没有直接针对这一社会定义下的文化企业家胜任力的研究。本书从企业运营模式视角出发，使用基于创意到创新转化价值网的分析框架，重点探讨了文化企业家在完成创意到创新转化任务时的胜任力特征，并最终识别出 14 种文化企业家特有的胜任力要素，并编制了文化企业家特有胜任力的培养分类表。通过该分析框架，可以在整个研究过程中观察文化企业家在组织运营中产生的一整套价值行为，从整体上更加全面地审视这些价值行为所体现的文化企业家胜任力，有效避免之前研究单一描述文化企业家胜任力而产生的偏见现象。基于此，本书对文化企业家胜任力特征进行研究，使其成为文化企业家胜任力研究的一种创新。研究结论显示，虽然文化企业家与普通企业家在企业发展中扮演着相同的角色，但运用的胜任力却不同。这使本书在详细分析和比较文化企业家胜任力要素方面成为企业家胜任力研究的一种创新。

第二，揭示了小微创意企业实现创意到创新转化的价值网模型及其核心结构，是企业运营支持理论的一种创新。现有研究通常将传统价值链理论作为创意企业运营的既定支持理论，而小微创意企业实际遵循的价值网络构成问题并未被重视，尤其是从创意和创新视角进行的研究更为缺乏。本书从创意和创新视角归纳并提炼出包括消费者单元、企业单元、数字化与互联网形成的虚拟价值网单元三个核心结构单元的创意企业价值网理论框架，将价值网理论引入小微创意企业的运营管理研究，揭示了小微创意企业的根本运营模式，即实现创意到创新转化的价值网循环及其核心结构。

第三，系统阐释了小微创意企业和创意到创新转化的基本理论，描述了基于该理论的文化企业家的内涵；在分析文化产业和创意产业的基础上，阐述了小微创意企业的内涵、特征和职能，并对小微创意企业的运营方式（创意到创新转化）进行了界定和解释；进而根据这一特殊背景，提出、界定和阐述了文化企业家的内涵。在界定文化企业家的内涵时，本书强调小微创意企业是文化企业家赖以存在的组织基础和一切行为活动的价值载体，采用基于创意企业实现创意到创新转化的分析框架，从自我进取的社会学角度，围绕文化企业家所属组织及其根据组织目标产生的职能和特质提出并阐述其内涵，从根本上改变了先前研究提出的劳动力市场理论对移动工作者的解释。

第四，从微观管理角度拓展了当前关于文化企业家的学术研究，是对管理理论的创新。目前，国内外学者有关创意的研究主要集中在产业管理层面。本书立足于工商管理学科，从微观层面对创意研究进行分析，不仅拓展了当前关于文化企业家的学术研究，促进了创意企业的基础理论研究，也丰富了文化经济学和创意管理学的相关理论体系，是对当代管理理论的创新。

Introduction

Governments around the world have seen that cultural and creative industry plays a significant role in driving GDP growth, increasing employment as well as accelerating urban development, and now the development of cultural and creative industry has become an important direction for countries to formulate economic policies. The advancement of the industry depends entirely on its basic composition unit—creative enterprises. As cultural entrepreneurs are at the top of the pyramid of the organizational structure of creative enterprises to initiate and lead corporate behaviors, creative enterprises need them to contribute to decision – making and problem – solving through their cognition of the environment and personal judgment. And their competency is closely linked to all levels of the development of creative enterprises. In addition, due to the characteristics of small and micro organizational scale of creative enterprises, their management structure and independence make cultural entrepreneurs in a critical position in the business operation, and the success or failure of enterprises depends to a large extent on the competency of cultural entrepreneurs. Moreover, unlike traditional enterprises, creative enterprises are faced with more unstructured problems that cannot be solved by simple imitation or following the old methods, which more requires cultural entrepreneurs to possess the competency to surpass traditional entrepreneurs. Such a background makes the composition, change and influence of cultural entrepreneur competency have very important economic, social and political significance, fully reflecting the research value. Based on previous studies, in order to better embody representativeness, small and micro creative enterprises accounting for more than 98.5% of the total number of cultural enterprises were selected in this book, in an attempt to construct a competency model for cultural entrepreneurs based on the value network of creativity to innovation transformation from the perspective of the fundamental operation mode of enterprises.

The general competency model construction techniques in the academic circle are behavioral event method and functional method, which ignore the uniqueness of small and micro creative enterprises that differ from traditional enterprises as well as the specific competency of cultural entrepreneurs based on this uniqueness. Small and micro creative enterprises carry out a cycle of creativity to innovation transformation in a highly collaborative, creative and networked value network, which is their unique operation mode completely distinct from that of traditional enterprises. Cultural entrepreneurs take this unique operation mode as the value carrier of all behaviors and activities. From this, to comprehensively study the unique value activities of cultural entrepreneurs that differ from traditional entrepreneurs, an analytical framework under a specific situation must be applied. Therefore, the situation analysis method was adopted in this book in view of adapting to the changing trend of the environment, and a group of small and micro cultural and creative enterprises with excellent performance were selected so as to obtain a full view of the cultural entrepreneur competency model based on their multi-level framework of realizing the creativity to innovation transformation. This framework not only allows the cultural entrepreneur competency to be restricted by established environmental conditions, but also integrates intuitive and rational information processing to fully explain the competency different from that of traditional entrepreneurs. More specifically, if a cultural entrepreneur wishes to operate successfully, his competency must be manifested in a set of interrelated processes (the value network of creativity to innovation transformation). Thus, the author took the three core structural units of the value network of creativity to innovation transformation as the overall standard to measure the behavioral ability of cultural entrepreneurs, and collected the relevant data of cultural entrepreneurs on this basis, which effectively ensures that the whole research was carried out in the context of the actual operation of enterprises, and better gives play to the protracted nature, dynamic nature and controllability of cultural entrepreneur competency.

Firstly, in this book, the data of value activities in the two stages of creativity and innovation were collected and sorted out, and the research database was established by using the professional research software ATLAS. ti 7. Meanwhile, through coding clustering and case analysis, the value network model for creative enterprises of realizing the transformation process from creativity to innovation was constructed, including three core structural units: ①Consumer unit, the transformation from consumers to value co-creators. ②Enterprise unit, a value creation network formed by related enterprises in the value chain beyond a single enterprise, providing value to the end consumer. ③The virtual value network unit formed by digitization and the Internet, because the virtual value network complements and improves the physical value network, realizing the maximum creation of value from the virtual and realistic perspectives. It can be seen that creative enterprises contain cultural and economic ambiguity and involve integration with many traditional industrial enterprises, technology, organizational innovation and creativity make their relationship with customers and the public independent of traditional centralized production. This operation mode is a cycle of creativity to innovation transformation in a highly collaborative, creative and networked value network environment, characterized by interactivity, integration, individuation, collaboration and network.

Then, in this book, based on the operation mode of small and micro creative enterprises, with the value activities, behaviors, and characteristics of the three core structural units of the value network of creativity to innovation transformation as the basis, in-depth interviews with cultural entrepreneurs and stakeholders of the case enterprises, field observations, and document reference were conducted in this book to complete data collection and collation. Besides, the research database was established by using the research software ATLAS. ti 7, through coding clustering and case analysis, 14 kinds of special competency elements of cultural entrepreneurs and 25 kinds of competency elements of traditional entrepreneurs based on the three core structural units were identified and measured. And according to the 14 kinds of special competency elements, the cultivation classification table was drawn, laying a foundation for more comprehensive analysis and understanding of cultural entrepreneurs' specific competency and helping enterprises devise development plans to adapt to the needs of enterprise environment. It shows that although cultural entrepreneurs and traditional entrepreneurs play the same role in enterprises, they have different competencies. By using the analytical framework based on the value network of creativity to innovation transformation, an effective perspective was provided in this book to find out more competencies related to the work role of cultural entrepreneurs. 14 kinds of special competency elements of cultural entrepreneurs were detected, such as identifying cultural and creative resources, coordinating and utilizing arts, establishing and maintaining cultural and creative reputations, utilizing cultural and creative reputations, building the brand of cultural entrepreneurs, seeking the balance between art and commerce, understanding complex identities and rights in the context of the Internet, developing artistic taste and artistic sensitivity, developing and utilizing the cultural and creative resources, recruiting creative talents, having professional knowledge and skills, utilizing products to build awareness and understand as well as enter the market, creating a value co-creation system for consumers, and making commitment to the role of guardian of the arts.

Finally, based on the three cores structural units of the value network of creativity to innovation transformation, the author classified 39 competencies into three competency domains and one support domain, and finally constructed a conceptual model of cultural entrepreneur competency based on the value network of creativity to innovation transformation. This model is composed of four parts, including consumer unit domain, enterprise unit domain, virtual value network unit domain, and support competency domain, which can be used for further research on the comparison and verification of different competency domains. The fourth support competency plays a supporting role in the main competency domains, and distinguishes the support competency from the main competency domains, so that the further study of functions of different competencies will be more emphasized in the future. This book attempts to identify and discuss the competency of cultural entrepreneurs in creative enterprises, help the growth of cultural entrepreneurs, make positive contributions to the economy of their regions, and draw some management enlightenment from this.

In this book, Combining the particularity of small and micro creative enterprises, the competency model for cultural entrepreneurs was explored on the basis of the value network of creativity to innovation transformation, a new attempt to integrate the knowledge of cultural economics and creative management. The main features and innovations of this book are as follows:

First of all, considering the particularity of small and micro creative enterprises (taking the value network of creativity to innovation transformation as the social and situational) it was first proposed in book paper to analyze the cultural entrepreneur competency, while there is no direct literature research on the cultural entrepreneur competency under this social definition. In this book, starting from enterprise operation mode, by using the analytical framework based on the value network of creativity to innovation transformation, the competency characteristics of cultural entrepreneurs in completing the task of creativity to innovation transformation were mainly discussed, 14 specific competency elements of cultural entrepreneurs were finally identified, and the cultivation classification table of specific competency of cultural entrepreneurs was drawn. The use of this analytical framework enables a full view of a whole set of value behaviors produced by cultural entrepreneurs in the operation of organizations in the whole research process, to observe the cultural entrepreneur competency based on these value behaviors more comprehensively on the whole, effectively overcoming the one—sided negative result that previous studies simply describe the cultural entrepreneur competency from a certain isolated point. In light of this, the research on this unique part of the cultural entrepreneur competency makes this book an innovation of the competency research of cultural entrepreneurs. Furthermore, the research conclusion shows that although cultural entrepreneurs and ordinary entrepreneurs play the same role in the development of enterprises, they exert different competencies. This makes the detailed analysis and comparison of cultural entrepreneur competency elements and innovation in the research of the competency of entrepreneurs.

Secondly, the book revealed the value network model for small and micro creative enterprises of realizing the creativity to innovation transformation and its core structure, which is an innovation of enterprise operation theory. In existing studies, the traditional value chain theory is regarded as the established support theory for the operation of creative enterprises, while the composition of the value network actually followed by small and micro creative enterprises has not been paid attention to, and especially the research from the aspect of creativity and innovation is even missing. From the angle of creativity and innovation, this book summarizes and refines the theoretical framework of creative enterprise value network, which includes consumer unit, enterprise unit and virtual value network unit formed by digitalization and Internet. The value network theory was introduced into the operation management research of small and micro creative enterprises, and the fundamental operation mode of small and micro creative enterprises was revealed, that is, the realization of the value network cycle of creativity to innovation transformation and its core structure.

Thirdly, in this paper the basic theory of small and micro creative enterprises as well as the creativity to innovation transformation was systematically explained, and the connotation of cultural entrepreneurs based on this theory was described. On the basis of the analysis of cultural industry and creative industry, the connotation, characteristics and functions of small and micro creative enterprises were elaborated, and the operation mode of small and micro creative enterprises, namely creativity to innovation transformation, was defined and explained. Then according to the special background, the connotation of cultural entrepreneurs was proposed, defined and expounded. In this book, when the connotation of cultural entrepreneurs was defined, it was emphasized that small and micro creative enterprises are the organizational foundation and the value carrier of all behaviors and activities for cultural entrepreneurs. Also, by using the analytical framework based on the creative enterprise's realization of creativity to innovation transformation, from the sociological angle of self-improvement, the connotation of cultural entrepreneurs was proposed, defined and expatiated by centering on the organization they belong to and the functions and characteristics generated according to the organizational goals, fundamentally changing the understanding of mobile workers in the labor market theory proposed by previous studies.

Fourthly, the book extended the current academic research on cultural entrepreneurs from the perspective of micromanagement, which is an innovation of the contemporary management theory. At present, western and domestic scholars' research on creativity mainly focuses on the industrial management. On this occasion, this book is based on the business administration discipline and analyzes creative research from the point of micromanagement. It not only expands the current academic research on cultural entrepreneurs and promotes the basic theoretical research on creative enterprises, but also enriches the relevant theoretical systems of cultural economics and creative management, which is an innovation in contemporary management theory.

目　录

第一章　绪论

第一节　研究背景与问题的提出

一、研究背景

"创意产业"首次被讨论是在 20 世纪 90 年代，由英国文化、传媒及体育部（DCMS）于 1998 年出台的《英国创意产业路径文件》中提出，是"源于创造力、技能和天赋，通过生成和开发知识产权，具有创造财富和就业潜力的那些行业"。它以各种方式被定义，主要涉及创意产品开发、制造和销售的经济部门，包括电影、电视、音频广播、动画、漫画、录音、录像、传播媒体、视觉与行为艺术、广告装饰、工艺美术与设计、雕塑、环境艺术、软件、音乐、摄影、出版、表演艺术等。创意产业的出现使文化领域不再是一个受资助的领域，它能够产生新的产品和服务，这也是文化经济学的发展。根据联合国贸易和发展会议发布的《2008 年创意经济报告》，全球创意产业是世界贸易中的"动态部门"。创意产业的每个部分都是基于创造性经济推动的创新，已成为世界贸易中最具活力的行业之一。根据联合国创意经济报告，创意产业在世界 GDP 中的年增长率均值从 2000 年开始为 8.8%，在版权贡献方面创意产业平均占 5.2%，以版权为基础的创意产业部门的就业份额平均占总就业人数的 5.36%（联合国教科文组织和联合国开发计划署，2014）。创意产业对于国家或地区的形象营销、社会凝聚力的增强、社会文化发展、保护文化传统和文化丰富性、创造新的就业机会及创造人们实现自身潜力的条件而言，是一个重要工具，并且对传统或季节性行业波动产生的经济衰退具有弥补作用，对其他行业的收缩具有抵消作用。创意产业已经成为区域创新和发展战略的重要组成部分，特别是在那些远离国家经济重心的地方。它被许多研究者和政策制定者视为经济发展的驱动力、竞争优势的源泉，对后工业经济中的经济稳定与增长很重要。创意产业成为发达经济体的有效组成已是不争的事实。如今，发展创意产业已成为世界各国政府制定经济政策的重要方向，被许多国家纳入国家层面的战略规划。创意产业已成为当代管理中的重要术语，标志着已得到商业、艺术和教育领域的广泛认可。"创意产业"逐渐取代"文化产业"，成为艺术文化生产和分配的"总称"。

2017年9月6日，中国国家统计局发布的数据显示，2016年全国文化及相关产业增加值同比增长13.0%，为30785亿元，占全国GDP的比重为4.14%，同比增长0.17个百分点，文化产业增加值占GDP的比重逐年提高，党的十八大以来文化产业整体保持快速增长的态势。文化产业总量持续快速增长，占GDP的比重日益上升，已成为一个重要的经济增长点，为促进经济发展和优化经济结构贡献了巨大的力量，正逐步成为国民经济支柱性产业。习近平总书记在党的十九大报告中指出，中国特色社会主义进入新时代，人民日益增长的美好生活需要和不平衡不充分的发展之间的矛盾已跃然成为我国社会的主要矛盾。文化创意产业契合了当前消费需求升级的价值诉求，是未来经济结构调整升级的刚需。在党的十八大召开前，国家先后出台了《文化产业振兴规划》(2009)、《关于金融支持文化产业振兴和发展繁荣的指导意见》(2010)、《中共中央关于深化文化体制改革　推动社会主义文化大发展大繁荣若干重大问题的决定》(2011)、《国家"十二五"时期文化改革发展规划纲要》(2012)、《文化部"十二五"时期文化产业倍增计划》(2012) 等一系列重要文件，明确指出发展文化产业是市场经济条件下发展社会主义文化的重要载体，是满足人民群众多样化、多层次、多方面精神文化需求的重要途径，也是推动经济结构调整、转变经济发展方式的重要着力点。此外，还出台了《国务院关于推进文化创意和设计服务与相关产业融合发展的若干意见》(2014)、《国务院关于加快发展对外文化贸易的意见》(2014) 等促进文化产业发展的一系列文件。

虽然不同国家对文化创意产业的称谓不尽相同，但相同的是，这样的创新型经济主要以高技能劳动力为基础，那些努力保持经济领先地位的城市、地区和国家正在争夺高素质人才，以作为提高在全球文化创意市场上的竞争力和刺激这种新型经济的主要资源。可见，人才是文化创意产业发展的核心要素。文

化创意产业人才队伍的培养和组建,是我国文化创意产业跻身全球领先地位的
首要路径。《中国共产党第十七届中央委员会第六次全体会议公报》(2011)
明确指出:"推动社会主义文化大发展大繁荣,队伍是基础,人才是关键。"
本次会议对有关文化产业人才队伍建设和提升文化创造力问题的阐述,为文化
创意产业人力资源开发模式提供了新的思路。人才队伍的培养与组建被党的十
七届六中全会放在社会主义文化建设的重要位置。2012 年,中共中央办公厅、
国务院办公厅印发了《国家"十二五"时期文化改革发展规划纲要》,在加强
文化人才队伍建设方面,对加强文化企业家队伍建设和建立完善文化人才培训
机制提出了要求:首先,加强文化企业家队伍建设:培养造就一批具有国际视
野、市场开拓精神和现代经营管理能力的文化企业家,推动文化企业发展壮
大。其次,建立健全文化人才培养培训机制:创新人才培养模式,完善人才培
训机制,加大对文化管理人才、专业技术人才和高技能人才的培养力度。再
次,实施文化名家工程和青年文化英才计划:重点培养一批在文化创作、文化
科研和文化经营管理等领域的领军人才和拔尖人才。最后,健全文化人才激励
机制和流动机制:推进文化人才的合理流动,优化人才使用环境,增强文化领
域的创新活力和发展动力。由国务院常务会议审议通过的《文化产业振兴规
划》指出,要加大政府投入和税收、金融等政策支持,大力培养文化产业
人才。

文化企业家在建设和使用创造性和智力资本的同时平衡艺术与商业,帮助
企业成功实现创意产品的开发和市场化,不仅带来了文化和经济价值,还实现
了一定的社会效果。文化创意企业的发展依赖于文化企业家以自身能力对外界
变化和趋势作出反应,并处理艺术与获利之间的种种矛盾,最终为文化产品和
服务的生产者和消费者创造文化价值。文化企业家的培养是文化创意产业人才
队伍建设中十分重要的部分,对其胜任力的探究是文化创意产业人才队伍建设
的基础。

二、问题的提出

在一个难以把握的和快速变化的任务环境中,企业行为会因企业家组织、
处理信息的习惯与偏好不同而有较大差异(Sadler-Smith,1998)。在高度不确
定的环境中,企业面临着更多的非结构化的、无法通过简单模仿或沿袭旧方法
来解决的问题,需要决策者根据对环境的认知并结合个人的判断做出决策

（约瑟夫·熊彼得，1990）。企业家处于金字塔形企业组织结构的顶端，发起和主导企业行为，其能力与企业发展的各个层面紧密相连。

文化企业家通过不断推动创意到创新的转化，形成动态的资源转化和配置机制，在变化的环境中把企业内外部资源转化为企业自有的竞争优势。文化企业家胜任力的概念已广泛应用于政府和其他机构，在经济发展和企业成功的驱动下，文化企业家胜任力的核心概念、构成指标需要在实践中进一步深入研究和发展。文化企业家胜任力的分析开始被世界各国政府和超国家机构（欧盟和联合国）认可，认可的主要原因是文化企业家个人胜任力是创意企业能力导向的先决条件，它不仅在维护企业文化价值的同时保证了企业的经济稳定，还决定着企业的生存和发展，这种认可也与教育机构设计和提供的相关教育、培训相一致。在小微创意企业中，当文化企业家从企业实际运营（实现创意到创新的转化）角度整体地关注一组核心胜任力，而不是过分强调单一的工作计划时，其实现特定增长目标的概率便会更高。创意到创新转化运营模式下的文化企业家胜任力与小微创意企业的创立、生存和成长紧密联系，对其的研究有助于文化企业家理解企业在不同发展阶段所扮演的角色和能力的发展与提升，并最终对企业产生影响。总之，文化企业家完成创意到创新转化这一核心使命时，所应该具备的胜任力被视为小微创意企业成长和成功的重要因素，了解这种胜任力的性质和作用对实践具有重大意义。但是，国内的主流商业和管理研究人员并没有对该特殊情境和社会定义下的文化企业家胜任力进行关注。

文化企业家胜任力问题出现在文化创意产业的背景下，创意的世界，特别是文化企业家的职业胜任力，是复杂的、非结构化的和低组织的，因此很难分析。鉴于文化企业家胜任力问题的潜在意义，我们亟待了解要成功实现企业从创意到创新的转化，文化企业家应该具备什么胜任力？此外，如果这些胜任力指标可以识别，他们的胜任力提升需求又是什么？为了更好地理解这种胜任力体系，必须采取更广泛的视角，而不是仅仅关注企业家行为、胜任力理论的孤立方面。因为与传统企业相比，创意企业的组织规模、生产特点、运营模式等存在差异，其组织模式的特色是以小微企业为主（占文化企业总数的 98.5% 以上），相互依存，连成网络。互动性、融合性、个性化、协作和网络是其组织模式的关键。其生产特点是以创造力和智力资本为主要输入，通过创意到创新的转化来实现创造力的文化和商业应用，从而创造艺术和经济价值。技术、组织创新和创造力使其与客户和公众的关系不依赖于传统的集中生产。创意企业的实际运营就是在一个高度协作、创造性和网络化的价值网中进行创意到创新转化的循环，并涉及许多传统行业。创意到创新的转化（创意产品的成功开发和市场化）是创意企业生存和发展的根本。创意企业实现增长的规划过程不仅涉及文化企业家对战略的设计、运营管理的规范、明确和审慎地识别市场机会、系统开发正式的商业计划，更重要的是还涉及文化企业家对文化自治界限的把握，只有在这种有别于传统企业的平衡推动中才能最终实现创意到创新的转化，从而完成创意企业的最终使命。分析文化企业家的胜任力不仅要在给定的环境条件制约下进行，而且还要把直观和理性的信息处理相融合。这种胜任力本身产生于价值活动过程，笔者希望能够提供一个有用的框架用于解释这种与传统企业家不同的胜任力，更具体地说，是描述一个"关于文化企业家胜任力的框架和视角"，如果企业希望成功经营，它必须表现在一组相互关联的过程中（创意到创新转化的价值网）。在这项研究中，笔者使用了一个基于小微创意企业实现创意到创新转化的多层次框架，用于获得文化企业家胜任力模型的全貌。笔者借鉴了小微创意企业理论、创意到创新转化理论、价值网理论、企业家胜任力理论、文化企业家内涵，将小微文化创意企业创意到创新的转化活动作为衡量文化企业家价值活动的总体标准。

第二节　研究思路与研究内容

一、研究思路

作为与产业实践和企业实践紧密联系的研究，本书围绕创意到创新转化价值网下的文化企业家胜任力这一研究主题，遵循基础—案例—一般的研究路径，按照国内外研究综述—创意到创新转化价值网下的文化企业家胜任力研究的基本理论及分析框架—二维法和案例研究设计与质量标准—小微创意企业实现创意到创新转化价值网概念的提出—创意到创新转化价值网下的文化企业家胜任力模型建构—文化企业家胜任力的政策发展与建议—结论和展望的逻辑思路展开研究，如图 1-1 所示。

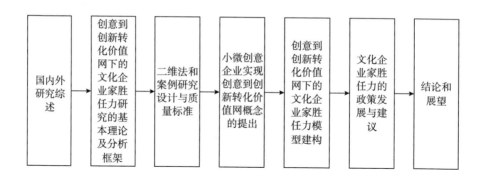

图 1-1　逻辑脉络

二、研究内容

本书主要由七个核心部分组成：国内外研究回顾；创意到创新转化价值网下的文化企业家胜任力研究的基本理论（小微创意企业运营模式，即创意到创新转化的网状价值实现模式、文化企业家内涵的重新阐释、文化企业家胜任力）及分析框架；二维法和案例研究设计与质量标准；小微创意企业实现创意到创新转化价值网的分析；基于小微创意企业价值网模式的文化企业家胜任力；文化企业家胜任力的政策分析与建议；结论与展望。

第一部分，分别对小微创意企业与创意、创新的相关研究，价值网的相关研究，文化企业家的相关研究，企业家胜任力的相关研究进行梳理，为基于创意到创新转化价值网的文化企业家胜任力分析框架寻找理论支撑。文献梳理后发现，之前研究者未从小微创意企业实际运营视角来系统探析文化企业家胜任力，该方面研究尚存在完善空间，这为本书提出的基于创意到创新转化价值网的文化企业家胜任力分析框架奠定了基础。

第二部分，阐释了文化企业家胜任力研究的基本理论及分析框架，包括小微创意企业的内涵、小微创意企业的运营模式（创意到创新转化的网状价值实现模式）、文化企业家的内涵、文化企业家胜任力。

第三部分，解释了案例研究设计方案和案例研究方法的可靠性。对案例研究的具体类型，应遵循的数据收集与处理原则、程序和方法，确保后续案例研究的建构效度、内在效度、外在效度和信度，本书的研究内容为什么适合采用多案例研究方法等问题进行了说明。

第四部分，本书始终以小微创意企业实际运营为基础，将企业的根本运营模式——创意产品的开发和成功市场化（创意到创新的转化）中的价值活动等作为数据来源，采用标准的案例研究方法和软件 ATLAS.ti 7 建立创意到创新转化价值网的研究数据库，最终构建由消费者单元、企业单元和虚拟价值网单元构成的创意到创新转化的价值网模型。

第五部分，基于企业家胜任力理论对原始编码进行构念组合，构建基于创意到创新转化价值网的文化企业家胜任力模型的核心构念网络。该模型的核心构念网络由消费者单元领域、企业单元领域、虚拟价值网单元领域、支持胜任力领域四个部分构成，可进一步进行不同胜任力领域的比较和验证。

第六部分，探讨文化企业家胜任力相关政策的优化建议。分析抑制文化企业家利用政策发展胜任力的主要因素，从加强政策制定过程参与性、构建政策执行生态网络、给予自我维持文化企业家政策支持三个方面探讨政策体系的优化建议。

第七部分，阐述与文化企业家胜任力基本理论、小微创意企业实现创意到创新转化价值网、文化企业家胜任力、文化企业家胜任力政策分析与建议相关的主要结论，以及研究展望。

第三节　研究方法与技术路线

一、研究方法

根据理论目标和实践导向，本书将按照定性研究、调查研究与文献研究相结合、规范研究与实证研究相结合、理论研究与经验研究相结合的原则，采用文献研究法、调查研究法、概念分析法、比较研究法、系统分析法、归纳演绎法等展开研究。

在具体操作层面，创意企业的组织模式特点是以小微企业为主，相互依存，连成网络。根据国家统计局数据，截至 2023 年，中国小微文化企业数量占文化企业总数的 98% 以上，为文化企业提供了 63% 的就业岗位，小微文化企业平均每亿元资产吸纳从业人员 216 人，远超出大中型文化企业 122 人的平均水平，小微文化企业已成为文化企业的重要组成部分。因此，本书选择更具有代表性的小微创意企业作为研究对象，观察其产品开发和经营情况，以企业实现创意到创新转化的价值活动为基础，对文化企业家、管理人员、工作人员、投资方等利益相关者及行业分析专家进行了深度访谈，获取了企业从产品开发到成功市场化的与文化企业家胜任力相关的一手资料，为开展研究奠定了坚实基础。根据本书的主要任务——探析创意到创新转化价值网下的文化企业家胜任力，通过一定的程序和方法将案例研究结论建构为一般理论模式，笔者在方法论层面采用扎根理论作为理论建构的指引，在具体研究方法层面采用多案例研究方法作为研究工具。

在方法论层面：扎根理论。Glaser 和 Strauss 于 1967 年首次提出并系统阐述了扎根理论，指出研究者应该能够在严格的数据分析中发展理论。扎根理论的整个过程由分析编码数据以及发展、检查和整合理论范畴组成（Claser and Strauss，1999）。他们强调对行动的丰富语境的分析，以及之后产生的实质行动的理论研究。首先，理论建设是扎根理论的一个主要目标；其次，扎根理论的逻辑与定量研究不同；最后，扎根理论产生于严格的数据分析，而不是先入为主的理论。扎根理论以发现外部经验世界中的理论为前提，从具体的数据开始，以解释理论的形式结束（Kathy Charmaz et al.，2015）。

扎根理论主要适用于两种研究情景：一是探讨按照时间顺序排列的事件之间的因果联系，进行纵向理论建构；二是针对缺乏理论研究的新现象或实践，建立新的概念和理论体系，进行横向理论建构（王璐和高鹏，2010）。本书属于第二种理论建构类型。在研究路径上，质化研究以扎根理论为基础，正好与经典的量化实证研究相悖，作为方法论，两者各有优劣，研究路径比较如图1-2 所示（陈文基等，2011）。

本书在小微创意企业实现产品开发和成功市场化（创意到创新的转化）的实际经营情境下展开对价值网和基于价值网的文化企业家胜任力的研究。就方法论的基本逻辑和研究路径而言，扎根理论与经典的量化实证研究相比，其方法论和研究路径更加适合本书的需求。因此，本书将采用扎根理论所阐释的思想来展开后续研究。

在具体研究方法层面：多案例研究方法。如果说扎根理论属于方法论层面，那么案例研究则属于具体研究方法层面（贾旭东和谭新辉，2010）。由于本书采用质化方法，因此案例研究过程具有重要的地位。因此，本书将在第四章"二维法和案例研究设计与质量标准"中就相关问题进行论述。

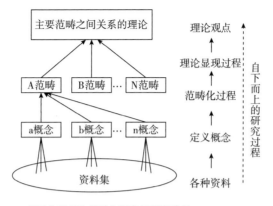

a. 基于扎根理论的质化研究的研究路径

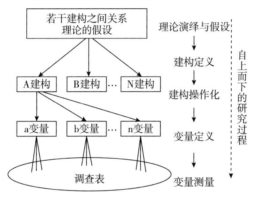

b. 经典量化实证研究的研究路径

图1-2 基于扎根理论的质化研究与经典的量化实证研究的研究路径比较

二、技术路线

为完成总体研究目标，在充分考虑本书运用的研究方法后，笔者将沿着以下技术路线推进研究进程，如图1-3所示。

在图1-3中，文献研究和案例研究是整个研究过程的两大核心组成部分。文献研究为案例研究提供理论基础和参考框架，案例研究根据论据资料进行范畴间关系的理论建构。文献研究围绕小微创意企业与创意、创新，价值网，文化企业家、企业家胜任力的相关研究展开，旨在突破以往研究的共性和寻找自身研究的特性，为之后的案例研究提供规范性分析的基础。案例研究是整个研究的核心，按照多案例研究方法的案例选择与剖析技术原则对典型案例进行选

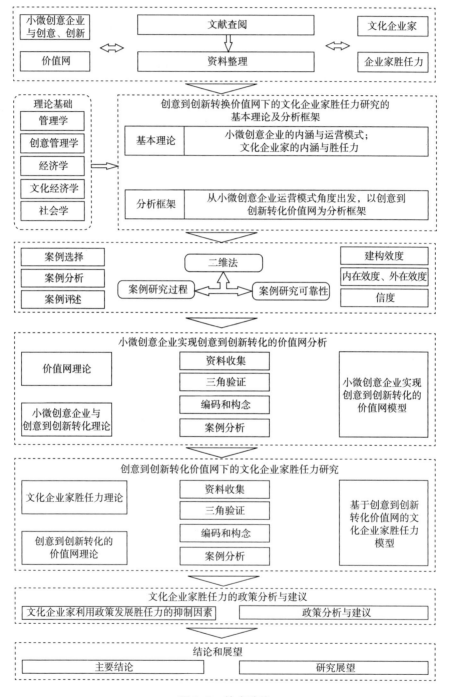

图 1-3　技术路线

择、分析和评述，并通过对建构效度、外在效度、内在效度和信度四个层面的严格控制来保证案例研究的可靠性。最后，本书以文化经济学、创意管理学等相关理论为基础，递进开展创意到创新转化的价值网研究、价值网下的文化企业家胜任力研究和政策体系优化研究，并进行总结和展望。

第四节　研究意义与创新点

一、研究意义

党的十七届六中全会把人才建设摆在社会主义文化强国建设的突出位置。2012 年，中共中央办公厅、国务院办公厅印发的《国家"十二五"时期文化改革发展规划纲要》在加强文化人才队伍建设方面，对加强文化企业家队伍建设和建立完善文化人才培训机制提出了要求：加强文化企业家队伍建设：培养造就一批具有国际视野、市场开拓精神和现代经营管理能力的文化企业家，推动了文化企业发展壮大。其次，建立健全文化人才培养培训机制：创新人才培养模式，完善人才培养机制，加大对文化管理人才、专业技术人才和高技能人才的培养力度。再次，实施文化名家工程和青年文化英才计划：重点培养一批在文化创作、文化科研和文化经营管理等领域的领军人才和拔尖人才。最后，文化人才激励机制和流动机制：推进文化人才的合理流动，优化人才使用环境，增强文化领域的创新活力和发展动力。因此，有必要对小微创意企业运营情境下（创意企业实现创意到创新转化）的文化企业家胜任力问题进行深入研究，这是切实支持国家文化创意人才队伍建设的现实性问题。本书以文化经济学、创意管理学等理论为基础，借鉴国内外最新研究成果，研究创意到创新转化价值网下文化企业家胜任力，进而探讨相关的政策优化问题。具体来看，本书具有以下两个方面的意义和价值。

第一，理论意义。首先，从创意到创新转化的企业运营视角归纳提炼出包括消费者单元、企业单元、数字化与互联网形成的虚拟价值网单元三个核心结构单元的小微创意企业价值网的理论框架，并基于该理论框架，将实现创意到创新转化作为特定的情境和社会定义，分析和探讨文化企业家在参与企业运营过程时的胜任特征，最终识别出 14 种文化企业家特有的胜任力要素，构建了基于创意到创新转化价值网的文化企业家胜任力模型，对现有的运营管理理论进行了有益补充。其次，本书从微观管理角度对创意研究进行了分析，不仅拓展了当前关于创意企业价值网课题和文化企业家胜任力课题的学术研究，促进了创意企业的基础理论研究，还丰富了文化经济学、创意管理学等的相关理论体系，是对当代管理理论的创新。在文化要素和文化资本已经成为经济增长新要素和新动力背景的驱动下，企业管理的实践和理论面临重构，创意管理学成为当代管理理论的重要创新。目前，西方和国内学者有关创意的研究主要集中在产业管理层面。国内外立足工商管理学科，从产品开发、生产运营等微观管理角度进行系统研究和深入分析的创意管理尚在发展中（杨永忠，2018）。本书通过文献研究和系统化案例分析，以创意到创新转化价值网为基础深入探析文化企业家胜任力，立足于工商管理学科，从微观管理角度对创意研究进行分析。

第二，实践意义。首先，创意到创新转化价值网络思维的出现，使企业明白传统价值链已经改变。面对当前的商业环境和更加成熟的消费者，企业需要重新了解自身的网络及其在网络中所处的位置，及时调整战略和实际操作方法。在创意阶段，摒弃从前把生产和消费割裂看待的做法，推动消费者参与价值共创。利用虚拟和物理网络与消费者互动，收集知识、需求和设计建议，最终形成新产品、新工艺、新服务。该过程不仅优化了产品，还提前锁定了部分目标顾客，完成了供需关系的再平衡。在创新阶段，继续在营销和设计过程中推进消费者参与价值共创，通过引导消费者向友人分享产品使用体验和主动解答同辈用户问题，实现市场再优化。另外，利用企业的价值创造网络，围绕企业核心能力寻找合作伙伴，通过合作开发创意产品、共享市场机会和产品反馈来降低生产和交易成本，缩短创意时间，突破单一企业能力和信息不完全等局限，以取得差异化竞争优势。其次，文化创意领域的企业大多数是小微企业，虚拟价值网重新定义了规模经济和范围经济，允许小公司在大公司主导的市场上实现产品和服务的低单位成本，同时扩大经营范围，因此虚拟价值网对创意企业的作用尤为重要。小微创意企业不仅要使用虚拟价值网对物理活动进行系统管理，还要学会利用实物和数字资产跨越物理和虚拟两个价值网进行价值创造，以增加信息的附加值。最后，本书研究在小微创意企业推动创意到创新转化的情境下展开，与企业运营实践紧密联系，为小微创意企业人力资源管理提供了理论支撑和实践指导，成为实施招聘、实习、培训、评估、晋升、奖励和人员规划等的一种技术工具，同时对教育机构和相关人员的发展至关重要。胜任力的可学习性使构建的文化企业家胜任力模型及文化企业家特有的胜任力要素，能够帮助企业家更具针对性和指导性地改进和发展个人，从而高效地实现组织目标。

二、创新点

本书结合小微创意企业的特殊性，在企业创意到创新转化价值网的基础上展开研究，探索文化企业家胜任力模型，这是综合文化经济学和创意管理学等学科知识的一个新尝试。本书的主要特色和创新之处表现在以下几个方面：

第一，结合小微创意企业的特殊性（以实现创意到创新转化价值网为社会和情境定义）对文化企业家胜任力进行探析由本书首次提出，学术界尚没有直接针对这一社会定义下的文化企业家胜任力的文献研究。本书从企业运营模式视角，使用基于创意到创新转化价值网的分析框架，着重探讨文化企业家在完成创意到创新转化任务时的胜任力特征，并最终识别出14种文化企业家特有的胜任力要素，并绘制文化企业家特有胜任力的培养分类表。通过该分析框架可以在整个研究过程中观察文化企业家在组织运营中产生的一整套价值行为，从整体上更加全面地观察基于这些价值行为的文化企业家胜任力，有效避免之前研究单纯从某一个孤立的点对文化企业家胜任力进行描述，产生以偏概全消极结果的现象。基于此，本书对文化企业家胜任力特征进行研究，使其成为文化企业家胜任力研究的一种创新。研究结论显示，文化企业家虽然与普通企业家在企业发展中扮演着相同的角色，但具有不同的胜任力。这使本书详细分析和比较文化企业家胜任力要素成为企业家胜任力研究的一种创新。

第二，揭示了小微创意企业实现创意到创新转化的价值网模型及其核心结构，是企业运营理论的一种创新。现有研究把传统价值链理论作为创意企业运营的既定支持理论，而小微创意企业实际面临的价值网络的构成问题未被重视，因此从创意、创新视角出发的研究更为缺失。本书从创意、创新视角归纳提炼出包括消费者单元、企业单元、数字化与互联网形成的虚拟价值网单元三个核心结构单元的创意企业价值网理论框架，并将价值网理论引入小微创意企业的运营管理研究，揭示了小微创意企业的根本运营模式，即实现创意到创新转化的价值网循环及其核心结构。

第三，系统阐释了小微创意企业和创意到创新转化的基本理论，描述了基于该理论的文化企业家内涵，在对文化产业和创意产业进行分析的基础上，阐述了小微创意企业的内涵、特征和职能，并对小微创意企业的运营方式（创意到创新转化）进行了界定和解释，进而根据该特殊背景，提出、界定和阐述了文化企业家的内涵。在界定文化企业家内涵时，本书强调小微创意企业是文化企业家赖以存在的组织基础和一切行为活动的价值载体，采用基于创意企业实现创意到创新转化的分析框架，从自我进取的社会学角度，围绕文化企业家所属组织、根据组织目标产生的职能和特质提出、界定和阐述其内涵，从根本上改变先前研究提出的劳动力市场理论对移动工作者的解释。

第四，从微观管理角度拓展了当前关于文化企业家课题的学术研究，是对当代管理理论的一种创新。目前，国内外学者有关创意的研究主要集中在产业管理层面。本书立足于工商管理学科，从微观管理角度对创意研究进行分析，不仅拓展了当前关于文化企业家课题的学术研究，促进了创意企业的基础理论研究，还丰富了文化经济学、创意管理学的相关理论体系，是对当代管理理论的创新。

第二章 国内外研究回顾

文化企业家胜任力是企业家胜任力和文化创意深度融合产生的崭新胜任力形态。它在小微创意企业实际运营的情景模式和社会定义下生成，是基于小微创意企业完成产品开发和市场化（实现创意到创新转化）过程中所有价值活动所形成的有别于传统企业家胜任力的胜任力模式。因此，它既涉及小微创意企业创意到创新转化的网状价值实现的运营模式，又涉及文化企业家本身的特征，还涉及企业家胜任力。围绕"基于创意到创新转化价值网的文化企业家胜任力"这一研究主题，以下将重点对小微创意企业（小微文化创意企业）与创意、创新，价值网，文化企业家和企业家胜任力四个方面的研究进行回顾和总结。

第一节 小微创意企业与创意、创新的相关研究

小微文化创意企业较传统企业而言，具有全新的特点。本书对文化企业家胜任力的研究基于小微创意企业实际运营的价值活动，因此有必要对小微创意企业的演化和基本特征进行整体认识。此外，研究创意和创新的内涵及其转化，是深刻理解小微创意企业及其网状价值实现的运营模式的必要条件。小微创意企业是互动性、融合性、个性化、协作和网络都非常强的产业单元，它与其他传统企业的差异主要源于运营模式的差异，即小微创意企业最重要的是输入创造力和智力资本，通过创意到创新的转化来实现创造力的文化和商业应用，从而创造艺术和经济价值。

一、小微创意企业的特征

《关于印发中小企业划型标准规定的通知》指出，文化、体育和娱乐行业

划型标准：从业人员 300 人以下的为中小微型企业，其中从业人员 100 人及以上的为中型企业；从业人员 10 人及以上的为小型企业；从业人员 10 人以下的为微型企业。本书基于先前研究，为了更好地体现代表性，选取了占文化企业总数 98.5% 以上的小微创意企业作为研究对象。之前文献研究了小微创意企业的创造性投入、商业价值和文化价值的双产出、广泛的包容性、在相互关联的网络链中的运作等，展现了其与传统企业的诸多不同。但是，每个研究仅集中于小微创意企业某一个或两个特征，并没有从组织规模、生产特点、运营模式和企业使命等方面对小微创意企业的内涵进行全面概括，也尚未明确创意到创新转化这一重要的网状价值实现的运营模式。

对于小微创意企业而言，持续创新是它们的重要标志（Jones et al.，2004）。创造性投入在整个企业生产和服务中变得越来越重要，也使小微创意企业从文化和服务行业进一步提升了"食物链"。小微创意企业产生"象征性商品"（思想、经验、形象），其价值主要依赖于象征意义的发挥（Bilton and Leary，2002）。由于取决于最终用户的发现和解码，这些"象征性商品"的价值可能会或可能不会转化为财务回报，它并不一定等同于商业价值。对于小微创意企业而言，商业世界中如此熟悉的竞争优势、产品开发、商业模式等概念需要重新解读，因为除了经济使命，它们还必须在培育和推进艺术、创造公共价值方面发挥至关重要的作用。小微创意企业常常与多样性和广泛的包容性联系在一起（Bagwell，2008），输出的价值是出于审美而非单纯功利功能，充分体现了文化和经济的模糊界限，导致它们必须在相互关联的网络链中运作，依赖于捕捉和操纵消费者敏感度的商品在价值网中的关键环节获得竞争优势（Scott，2000）。

二、创意与创新

以往的研究根据创意的起源把其区分为几大类别，如规范性创意、探索性创意和偶然性创意，或执行层面上的个体创意、团队创意和组织创意等。这些创意定义有的侧重于思维过程的本质和用于产生新的见解或解决问题的智力活动，有的侧重于个人特征和个人的智力能力，有的专注于产品的创造性尝试的不同结果。学者大多认为创意是创造的能力，是新的、有用的或有价值的想法，创意建立在文化背景之上，又反过来影响文化审美。以往的研究对创新的概念定义基于各种各样的视角，有的侧重于创新类型，如技术创新和非技术创新；有的侧重于创新程度，如激进创新、渐进创新，以及在累积过程中对创新的扩散、吸收和使用；有的侧重于分析视角和层面，视角和层面越宏观，其定义越多样化。以往的学者认为创新是新产品或服务的实现，是帮助组织或产品成功实现市场化的方法，是优化组织生成和交付创意产品的方式。可以看出，虽然以往文献围绕创意和创新两个主题作了丰富的研究，但尚未明确描述创意到创新的转化，以及转化过程中创意和创新在企业中各自的职能归属、运行特点和资源需求，也没有说明该过程与小微创意企业的关系。

创意建立在一定的文化背景之上，对文化资源的再提升具有一定的作用（林明华和杨永忠，2014）。创意是重组，将要素组合在新的结构里（Martins and Terblanche，2003）。创意是在特定的组织环境中，为个人或团体创造产品、服务、过程和程序的新的有用或有价值的想法（Ahmed，1998）。创意指的是创造的能力，"创造"一词可以定义为在自己的思想或想象中进化（Bisgaard，2008）。Johnson‐Laird（2002）提出的创意理论建立在五个假设之上：第一，创意的结果是新颖的，至少对于个人来说是在创造。第二，创意的结果对于整个社会来说是新颖的。但是，创意背后的心理过程可以是相同的，因为其他人是否已经有相同想法是不为人知的。因此，新颖对于社会而言是非必要的、可以选择的。第三，创意不仅仅是计算、模仿或反复。大多数人在进行创意时都有直觉，如即兴音乐或讲话，创意过程中的许多地方都有出现替代的可能性，也就是说，第一次和第二次可能会采取截然不同的路线。这种属性被称为不确定性，也就是说，当它处于相同的内部状态，并且具有相同的输入时，它产生的结果却不相同。第四，创意必须满足预先存在的约束或标准。比如，音乐家虽然有时会即兴创作，但这种创作实际上是在个人风格和体裁的约束下进行的。个人风格可能会发展或改变，体裁也可能发生"革命性"的变化，但即使创造了一种新的体裁，它也属于标准的范围。比如，随意演奏的钢琴曲并不是现代爵士乐，因为它有约束。音乐家协会塑造了这些制约因素，这些约束本身就是先前创作过程的结果。创意并不是封闭的系统，而是会受到导师、合作者和领导者的影响。因此，文化的审美价值对创意过程产生了历史性的影响，反过来，这种创意过程又有助于把价值观和审美观念传递给下一代。第五，创意不可以由虚无构成。创意必须由现有的元素提供素材，甚至可以是非常原始的艺术作品或科学。比如，音乐的现有元素是调性音乐的基本构成要素：音高、音色、和弦、强度和持续时间。这五个组成部分构成了创意的定义，创意对于个人来说是新奇的，对于社会来说是新奇的、不确定的，依赖于标准或约束，基于现有的元素（Johnson-Laird，2002）。Amabile（1998）认为，创意由专长、创造性思维技能和动机三个部分组成。商业理论家把创意定义为开发产品、实践、服务或程序的想法，这些想法对于组织来说是新奇的和潜在有用的，必须强调的是创意与机会识别紧密相连。创意可以被视为企业家精神方面的能力，而创新依赖于这种能力（Ward，2004）。个人拥有的知识资产是创意实践的推动器（Sternberg，2004）。

创新一词来源于拉丁语"innovare"，意思是"创造新事物"。学者从各种各样的视角对创新的概念进行了界定。一些定义是普遍性的，另一些则专注于具体的创新。创新是创造出新产品或服务的实现，在组织环境中，创新被定义为调整结构、节约成本、改进沟通、构建新的组织结构、制订新的人事计划、制订新的营销方案等帮助组织或产品成功实现市场化的方法（Arad et al.，1997）。West 和 Farr（1990）对创新的定义是，有意引入和应用在个体、团体或组织中的想法、过程、产品或程序，对相关的使用者来说是新的，目的是显著地使个人、团体、组织或更广泛的社会受益。Tidd 等（2009）认为，创新是一个核心过程，是优化组织生成和交付创意产品的方式。创新需要知道三个问题：第一，是什么。知道是什么事情，如掌握市场份额、用户类型等公司实际情况及数据。第二，为什么。知道事情的原因，如消费者为什么会改变选择等。第三，怎么做。知道如何做某事，甚至是做某事的诀窍，如用创意产品引导消费者的品位和风格。创新既可以是渐进式的，即对现有产品或服务适度增强；又可以是激进式的，即向市场提供全新的、颠覆性的创意产品。

第二节　价值网的相关研究

本书对文化企业家胜任力的研究是基于小微创意企业网状价值实现的运营模式展开的，因此有必要对价值网概念的提出和运用进行全面了解。此外，对小微创意企业这种新的经济组织进行价值分析是选择价值网概念更加全面，还是选择价值链概念更优，这是系统探究文化企业家胜任力时必须解决的问题。

一、价值网的概念

学者分别从业务流程、企业参与者的关系、价值提供的对象、组成要素和价值构成等方面，对价值网的概念进行了描述。不难看出，价值网正在改变传统价值链的运作方式，在合作伙伴、生产商、经销商和消费者之间建立了一种全新的联系。

Thompson（1967）在早期作品中就提到了价值网络的中介技术。当数字化发生在需求和供给两方面时，价值网络开始变得有用，既有助于每个参与者的战略定位，也有助于理解整个价值创造逻辑，特别是当可能出现新的商业前景时。受到 Thompson 的启发，Slywotzky 和 Morrison 于 1998 年提出了价值网的概念。为了应对竞争环境的变化，企业价值链被整合为企业价值网，以价值网为工具的管理逐渐取代了以供应链为工具的管理。企业价值网是指企业将使价值发生增值的生产和经营环节进行整合，形成一套系统和有机的企业价值系统（Slywotzky and Morrison，2002）。价值网是一种全新的业务管理模式，将企业的前端服务和后端生产融为一体为客户提供最优质的服务，向客户让渡最大的顾客价值，并满足其个性化需要（Bovet and Martha，2000）。价值创造网络模型使用价值创造的三个核心概念，即卓越的客户价值、核心能力和关系，提出了抓住三个核心概念之间相互关系的本质的交互模式（Kothandaraman and Wilson，2001）。价值网络没有单一的、被广泛认同和定义的本体论。通常，它们被描述为网络图示，显示参与价值创造过程的公司和组织，其中最终用户或客户在被整个价值网络定义的市场交换过程中接收最终产品或服务（Allee，2000）。价值网是融合了市场（最终用户）、监管（权威）、价值链（价值创造过程）和商业模式（单一公司的目标）的全新商业生态系统（Leviäkangas and Öörni，2020）。价值网是一种自发感知和响应的空间和时间结构，由松散耦合的价值构成，建议社会和经济行为者通过制度和技术相互作用，以便共同生产产品、交换服务产品，以及共同创造价值（Lusch et al.，2010）。

二、价值网的应用

通过回顾以往文献发现，受经济全球化和颠覆性技术的影响，企业的运营模式及企业不同层级之间参与者的互动方式正在发生根本性改变。这不仅意味着商业模式正在改变，还意味着传统价值链系统正面对一系列破坏性因素。在如今知识、信息丰富和瞬息万变的环境中，传统价值链所代表的垂直整合层级由于过度致力于专业化资产和上下游技术，导致效率低下和超高成本。越来越多的智力资本、信息、知识密集型企业开始根据全新的技术、环境和治理结构重新定义自己的运营模式，把自己嵌入更大、更具包容性的价值网络中。

基于互联网的数字媒体服务商和最终用户之间产生了新的中介角色。因此价值链发生了变化，这意味着数字媒体服务商需要重新定义运营模式，传统的运作方式转变为新的价值链拓扑结构。技术带来的新价值网络往往基于信息密集型价值创造机制，在许多方面可能比旧价值链和网络更具灵活性和适应性。这种现象不仅出现在数字媒体行业的相关企业，而且在信息密集型服务企业案例中是普遍现象（Basole and Rouse，2008）。例如，易趣公司将价值网作为运营分析工具，把顾客、供应商、盟友、补充者和竞争者放在价值网中进行战略设计，以实现价值最大化（Carlwright and Dliver，2000）。昆士兰的音乐产业由主要音乐品牌、成功的艺术家、独立的音乐家、制作人员和制片人组成，他们以非正式的网络化微型经济、独立艺术家、利益市场和新技术的开发为特征，通过网络化和创造性的企业家精神创造价值。价值网比价值链更能映射和描述这些参与者及他们之间的关系（Hearn et al.，2004）。由于一些驱动因素，整个运输部门正在经历全球范围的改变，这些因素包括技术、治理结构、环境等。为了在运输系统中实现具有社会经济价值的投资，特别是在涉及新技术的地方，需要摒弃从前单一的价值链模式，采用全新的价值网模式，解决自动化、机器人化和老年化对行业提出的挑战（Cláudio et al.，2019）。乔布斯从康柏聘请库克来重新设计和运营苹果境况不佳的制造和供应业务。库克和他的团队不负众望，有条不紊地从创造顾客价值出发，重塑了苹果的价值创造网络，这才有了今天的苹果帝国（Bovet and Martha，2000）。开源软件（OSS）作为一种创新形式，其出现对组织和战略理论提出了挑战，因为它不依赖传统的价值链机制来组织生产，要求公司重新思考促进价值创造和获取的过程。显然，价值网络机制支持开源软件提供一个统一的智力工作平台，使成员能够协作互动及知识交流（Morgan et al.，2013）。

第三节　文化企业家的相关研究

以实现创意到创新转化为约束条件对文化企业家内涵进行概括由本书首次提出，学术界尚没有直接针对这一社会定义的文化企业家内涵的文献研究。但是，在已有研究中，相关概念包括"经济利益不是唯一的目标，艺术守门人的角色更加重要"（Swedberg，2006）、"关注文化内容和艺术本身，创造性打破惯例，把经济当成实现文化价值的工具"（Rwth Towse，2011）、"利用自己的艺术和创意敏感度来发现机会并提供创意产品、服务或经验"（Leadbeater and Oakley，1999）等，都与创意到创新转化下的文化企业家内涵具有较为密切的联系。此外，文化企业家的能力和影响文化企业家的外部因素等相关研究也为本书提供了许多支撑。因此，笔者从这些相关概念出发，整理已有文献，将其作为本书的理论借鉴。

一、文化企业家的概念界定

围绕文化企业家的概念，学者从身份、特质、所属阶层等视角对这个新兴的社会角色进行解释和描述，并尝试重新界定其内涵和概念。

从身份视角来看，多任务文化既是一种语用需要，也是文化企业家创造能力和身份的重要组成部分。文化企业家在艺术和商业的世界之间移动，他们的身份感是在这两个势力范围的矛盾中形成的，分析文化企业家的身份神话是研究文化组织的基础（Bilton，2010）。他们是汇聚新领域或通过高文化来建立领域内身份标志的新逻辑的精英企业家（Dimaggio，1982）。文化企业家是利用文化创新创造繁荣经济的变革推动者，是从创新和可持续的文化企业中创收的足智多谋的梦想家。他们为文化产品和服务的生产者和消费者创造文化价值（Thomas，2015）。文化企业家是文化改变的代理人和足智多谋的梦想家，他们从文化活动中获益。他们的创新解决方案促进了文化企业的可持续发展，提高了生活水平，他们为文化产品、服务的创造者和消费者都创造了文化价值（全球文化企业家中心，2010）。经济利益不是唯一的目标，艺术"守门人"的角色更加重要。在表演艺术的特定背景下，访谈和观察创建文化企业的艺术家，他们行走在艺术实践赋予企业家角色实质的中间地带，当这些专业人士进入商业世界的逻辑，他们会成为艺术完整性的保护者。这些特殊的人才在商业世界里的地位是不可撼动的，但是作为艺术家，他们仍然发挥艺术"守门人"的作用，在艺术目标和创业选择的可持续性之间寻找现实平衡（Calcagno and Balzarin，2016）。他们在艺术与金融之间创造平衡却始终不放弃成为艺术"守门人"的角色（Cyr，2014）。文化企业家扮演着战略家、改革者的时代角色，以及起着催化剂的作用①。文化企业家类似文化中介，文化中介被理解为具有围绕诸如时装业这样的新兴经济空间组织的各种活动和关系的功能（Molloy and Wendy，2010）。文化中介在专业化和日常生态之间的临界空间开展工作，他们与不同社区合作的工作方式和条件在很大程度上实现或限制了他们更广泛的愿望和所感受的工作价值（Perry et al.，2015）。向勇（2006）提出从人力资源开发角度塑造文化企业家。

从特质视角来看，多技能，灵活，心理上有弹性，独立，能有机会在艺术、音乐或媒体等领域进行改变是创业人的特质（Ellmeier，2003）。文化企业家是提供高价值的文化服务的非营利团队（Acheson et al.，1996）。理查德·E. 凯夫斯（2004）在描述交易行为时提出，文化企业家强调艺术性，但商业产品常常偏离艺术的初衷。象征资本体现了文化企业家与其他相关者的区别，如积累的信誉、名誉、荣誉和声誉，它为经济资本创造了潜在可兑换性。它的相关形式包括声望、排行榜位置、销售记录、网站点击率、媒体评论、人才竞争、在重要地点或事件中的表现等（Bourdieu and Passeron，1977）。文化企业家的特点和其他企业家的特点有明显差异，这种差异主要是因为他们在面对挑战时需要在艺术、商业融资、企业发展等方面找到平衡点（Bujor and Avasil-cai，2016）。文化企业家具有将文化行为与经济行为结合、学习行为与创新行为结合、组织行为与合作行为结合、自利行为与他利行为结合四种特征，在他们身上，既有文化专家的身影，也蕴藏着企业家的灵魂。文化企业家是一种职业型人才，是生产文化产品，提供文化消费服务的职业人才，应该具备强烈的社会责任感、丰富的现代经营管理知识、较强的创新意识和创新能力、较高的谋略和策划水平（殷昌友，1999）。Skov（2002）描述了中国香港时装设计师的职业生涯轨迹和工作经验，探析了设计师之间艺术特征的相似性，而不是变

---

① 文化企业家崛起：这个时代最耀眼的明星和符号［EB/OL］.（2014-12-29）. https：// www. chinanews. com. cn/sh/2014/12-29/6920444. shtml.

化和差异。他认为设计师代表了一种新的企业家，区别于老企业家的短期利润取向和功利主义，被认为是创业精神的支柱。

从所属阶层视角来看，创意阶层在劳动力市场中快速增长，其受教育程度高、薪水高。把"创造有意义的新形式"作为自己的工作是创意阶层的显著特点，该特点是成功实现创意活动的基础。他们有共同的精神，重视创造力、个性、特色。他们产生了容易转移和广泛使用的新形式或新设计（Florida，2004）。一个具有独特品位和文化习俗的新社会阶层，存在于所有涉及再现与表现的职业（如销售、市场营销、广告、公关、时装、装饰等）及所有提供象征性商品和服务的机构中，他们在生产者和消费者之间进行"调解"（Pierre，1984）。文化企业家是一个社会群体，这个群体由小生产者组成，自主承担因为"反复表演和形象建设"而产生的"高成本"（Toynbee，2000）。文化企业家是将开创艺术事业作为主要生活目标的社会群体，由于还无法从艺术生产中获利，因此他们在制作文化产品的同时还要从事其他有偿工作（Scott，2012）。金元浦（2010）在《文化创意产业概论》一书中探讨了文化创意产业的核心理念与发展概况，以及创意城市、文化创意产业集聚区、文化体制改革和艺术保护等重要论题，并专门描述了文化创意人力资本和创意阶层。

综上可见，学者纷纷尝试从身份、特质、所属阶层等视角对文化企业家的概念进行界定。其中，"重视创造力、个性""在艺术和商业的世界之间移动""创造文化价值""艺术守门人的角色"这四种描述在不同视角的概念界定中以显性或隐性的方式出现，是文化企业家内涵阐释中比较重要的组成因素。然而，学者对文化企业家概念的界定全部跳出了小微创意企业与创意、创新的价值分析框架。需要特别强调的是，小微创意企业不仅是文化企业家赖以存在的组织基础，也是其一切行为活动的价值载体。只有基于小微创意企业实现创意到创新转化的价值分析框架，才能从根本上改变从前对文化企业家概念的理解，该概念其实更接近于自我进取的社会学解释，而不是劳动力市场理论中移动工作者的定义。企业家以创造力为核心的特征导致创意行业竞争十分激烈，社会学解释强调文化企业家在这样的组织环境中需要生产出超越艺术家的、包含商业和管理技能的创意产品和服务，并将其市场化，它们是文化和商业的复杂结合体，帮助企业和产品实现形象塑造与受众建构是他们的重要职能。需要特别指出的是，此职能具有创意和市场化（创新）的双重属性。由此可见，文化创意产品的成功产生可以被视为文化企业家项目的基础但不是全部，他们还需要把新构想开发为文化创意产品，使其具有潜在的交换价值，以推向市场获得回报和奖励。只有实现创意到创新的转化，文化企业家才行使完其全部职能。劳动力市场理论中的文化企业家概念更加强调前者。可以肯定地说，小微创意企业实现创意到创新转化这一根本分析框架是在研究文化企业家和界定其概念时不可以也不应该跳出的框架和情境，否则很难确保相关研究的实践性和客观性。另外，以实现创意到创新转化作为约束条件和分析框架，可以观察文化企业家在组织中产生的一套完整的价值行为，从整体上更加全面地观察基于这些价值行为的文化企业家所属的组织、根据组织目标产生的职能和特质，从而对文化企业家的概念进行界定，有效避免之前研究单纯从某一个孤立的点对概念进行描述，产生以偏概全消极结果的现象。

二、文化企业家的能力

围绕文化企业家的能力，已有文献从空间能力、艺术技能、商业技能、处理小微创意企业事务的能力等方面进行了解释和描述。此外，研究者不仅对文化企业家具备的能力进行了分析，也指出了其缺乏的能力。

在空间能力方面，文化企业家被认为是个性化社会中的开关点，他们创业活动的特点是空间位置的快速移动，他们非常善于利用空间潜力（Lange，2009）。

在艺术技能方面，文化企业家用纯粹的艺术理由说服美术界成员，从而调动博物馆资源，把现代视野认为的边缘文化在高文化语境中变为"可接受的"（Peterson，2003）。

在商业技能方面，文化企业家为了让产品脱颖而出经常使用的三种商业策略为利用消费者的独特性需求、将消费者纳入生产和推广过程、操纵宣传空间以运用体验营销（Hracs et al.，2013）。例如，美国交响乐团的收入多元化验证了文化企业家具备定价、产品营销、筹款、其他融资能力的重要性。文化企业家通过定价规则细分需求和区分价格，或是利用基金会的市场地位让企业获利（Besana，2012）。文化企业家通过个性化管理方式创造机会，驱动文化创业营销方式影响消费者（Fillis et al.，2016）。中国台湾的博物馆馆长以理念为基础去创建业务和制定营销策略，以提高展览功能、增加体验活动和设施，同时满足游客的愿望，为评估经济利益提供一个潜在的战略（Tsai and Lin，2016）。

在处理小微创意企业事务的能力方面，文化创意产业当前面临的重大问题：年轻的文化企业家如何一方面克服个人专业化和竞争力之间的结构性矛盾，另一方面依靠社会背景和专业场景提供急需的创新氛围提高创业绩效。在柏林文化产业的设计制作领域，文化企业家利用网络活动形成专业场景，提供进入市场的洞察策略（Lange，2009）。加拿大作家 Cory Doctorow 一方面作为企业家通过互联网孜孜不倦地推动自己的工作，另一方面提倡创作共享许可和开放获取创造性作品。他的作品和宣传方式预示着文化企业家当前需要面对的矛盾，作为网络小说家，他必须理解电子文本的文化意蕴，并接受目前的网络趋势，与此同时，尝试平衡利益相关者与企业家的利益（Fletcher，2010）。美国企业家 Jay-Z 的职业生涯路径体现了音乐产业在过去 15 年经历的过渡时期，以及合并和兼并对行业的影响，也说明了一个艺术家可以适应行业变化和利用他的行业知识来获取利益，成为成功的文化企业家。Jay-Z 成功利用转型中的行业成为超级巨星，证明商业精神和音乐人才这种组合非常重要，这种组合被称为战略品牌合作伙伴关系。要想在 21 世纪获得成功，艺术家需要获得超越创造艺术的技能，很明显，商业精神与艺术相得益彰对建立文化企业家的品牌至关重要（Perice，2012）。年轻的非洲文化企业家利用经济、技术和全球化趋势创造文化创业空间（Strong and Ossei-Owusu，2014）。文化企业家分为被动驱动型和自主驱动型，前者有利于识别文化资源，将企业目标与目标群体的文化结合起来；后者则帮助企业家认识到文化的局限性，避免企业受到文化框架的限制，有利于维护企业的文化资源（Überbacher et al.，2015）。以小型创意企业为例，文化企业家的创造力会影响企业整体的创意能力，企业家积极的情感能够体现在创意产品中（Khedhaouria et al.，2015）。文化企业家的个人声誉影响投资者对小微创意企业的投资行为（Ebbers and Wijnberg，2012）。业务增长能力和对成功的高感知力是文化企业家客观和主观的成功衡量标准。当文化企业家把明确的产品重点放在家具设计上，并且对保护价值的重视程度不高时，就会产生经济增长和市场扩展。文化企业家把自己的事业作为主要职业会促进企业成长，将其视为兼职则不会促进企业业务增长。对于"兼职"设计师来说，没有业务增长和低成就感往往是他们所面临的挑战。这些发现表明文化企业家需要个人的支持和指导（Jacobs et al.，2016）。动漫企业家（文化企业家）对于弥合全球市场的文化差异和组织僵化起着非常重要的作用，他们的企业家精神在文化商品跨国渗透、分配、再生产和消费中起核心作用（Otmazgin，2014）。文化企业家起着建筑师、支持者和创新能力开发者的作用。文化企业家在开发组织的创意能力方面发挥着关键作用（Napier and Nilsson，2006）。当今，图书馆员成为文化企业家，创造和维护网络时代的繁荣图书馆。图书馆的文化创业项目与许多国家认为的创意中心一样，是一种新的主导趋势。创意与地方创意产业的发展为图书馆员提供了提升图书馆影响力，并展示其文化创意能力的机会（Nijboer，2006）。文化企业家在管理、经营过程中更多地运用创意方法能够使企业更好地发展，而文化企业家的创造力水平可以增加这种创意（Bilton，2007）。文化企业家在不断实现企业文化资源的实际价值（Klamer，2011）。文化企业家用商业技能推广和传播中华文化，在实现经济利益的同时保证小微创意企业的文化品位（吕学武和范周，2007）。例如，20世纪90年代中期"文化经济"兴起以来的中国电影制作模式，一些电影导演与其他企业家合作，成为文化经纪人（文化企业家）。他们利用电影院的大众号召力，在电影和市场力量之间建立了紧密的联系（Braester，2005）。中国小微创意企业总投资强度与文化企业家特征呈正相关关系（潘玉香等，2015）。

值得注意的是，研究者不仅对文化企业家具备的能力进行了分析，也指出了其缺乏的能力。Baines和Robson（2001）调查了文化部门自我就业（雇用和非雇用）人员的特征，包括文化企业家，发现在创意行业中，文化企业家的工作实践更多变，属于"没有员工的个体户"和"小老板"。创新企业利用网络和社会接触来克服小规模的商业劣势是有可能的，但在广播媒体中只有少数文化企业家尝试或实现这一点，他们的网络是基于行业内长期建立的联系。文化企业家与相关利益群体的分离是很严重的，他们失去了与企业就业相关的社交能力，长期就业缺失后进入自主创业的文化企业家往往缺乏商业技能。更令人不安的是，他们往往没有意识到他们缺乏商业技能，而且自主创业的文化企业家不太可能直接去商学院培训，通过中介机构有可能满足他们的一些需要（Baines and Robson，2001）。

综合梳理以上文献可知，国内外学者从空间能力、艺术技能、商业技能、处理小微创意企业事务的能力等方面对文化企业家能力作了比较丰富的研究，并对文化企业家缺乏的能力进行了解释和描述。总体而言，创意能力、平衡文化与经济的能力、商业能力这三种能力在文献中以显性或隐性的方式出现的频率最高，是文化企业家能力研究中比较重要的组成部分。此外，笔者也发现，接近85%的文献集中在对文化企业家处理小微创意企业事务能力的研究上，这在很大程度上佐证了小微创意企业是文化企业家赖以存在的组织基础，是其一切行为活动的价值载体，基于小微创意企业实现创意到创新转化价值网的分析框架，能够更加全面地探析文化企业家在组织中产生的所有价值行为，从而在整体上全面了解基于这些价值行为的文化企业家的胜任力，同时，也有力地支持了本书对文化企业家内涵的阐释。尽管围绕文化企业家能力的研究已经足够丰富，但文献都集中于探析文化企业家的某几项能力。需要强调的是，能力的质量和数量不会因为企业运营阶段的不同而出现差异，在这一点上，能力的精确度和复杂性远低于胜任力。能力是对某一特定活动领域绩效的评估，是对完成工作任务情况的考评。这必然伴随对工作任务的描述，虽然工作任务描述为能力界定提供了稳固的立足点，但十分具体化的任务是没有止境的，因此对能力的评估是一个耗力和耗时的过程，这在小微创意企业复杂多变的情况下形成了巨大的抑制效应。与之相反，胜任力研究对于小微创意企业的文化企业家来说，具有很大的优势。胜任力是可以用来描述个人特征及其行为的，它并不是工作任务，而是使人能够完成工作任务的能力。与能力相比，胜任力最大的特征是情境的约束性。也就是说，随着企业运营从一个阶段发展到另一个阶段，企业家所扮演的角色会随之变化，所面临的问题和需要的技能也会发生变化，一个阶段认为是可取的胜任力对于另一个阶段而言可能是不合适的。这恰好对小微创意企业实现创意到创新转化提供了巨大的研究优势，也保证了研究结论的真实性和客观性。胜任力的各个领域是不可分割的整体，任何一个单独的领域都不能形成对胜任力的说明。相反，能力体系中的每一项都可以单独使用，这也让胜任力研究充分保证了结论的完整性。遗憾的是，尽管胜任力研究对小微创意企业和文化企业家研究具有如此巨大的优势，但先前文献关于文化企业家胜任力的研究仍然非常稀少，基于小微创意企业实现创意到创新转化这一特殊约束条件的文化企业家胜任力探析由本书首次提出，学术界尚没有直接针对这一主题的研究。

三、文化企业家与相关影响因素

先前文献围绕文化企业家与影响文化企业家的外部因素，探析了影响文化企业家行为的个人特质、文化资源、环境、战略、社会网络、创造力、机会识别、教育、创业等因素。

在个人特质因素方面，对创意产业的文化企业家进行深入访谈，探索态度、价值观和信仰对组织战略、结构和文化最深层次的影响。文化企业家的个人价值观支配他们在小微创意企业中以各种不同的方式管理创意与组织、金钱与意义之间的紧张关系（Poettschacher，2005）。文化企业家的创造力和机会识别对职业成功具有积极影响，并对资源可用性起到调节作用（Chen et al.，2015）。文化企业家的认知风格会影响企业家的冲突处理方式，进而影响创业者的成功（Chen et al.，2015）。文化企业家的决策目标被视为不同文化价值偏好下，经济价值和文化价值的联合最大化（杨永忠和蔡大海，2013）。

在文化资源因素方面，通过对巴黎歌剧院进行个案研究，验证了文化资源与其相关利益之间的相互作用，发现在文化企业家的形成和发展过程中，文化资源有着初始效应（Johnson，2007）。

在环境因素方面，通过对柏林两个创意集群的文化企业家进行定性访谈，展示本地网络对文化企业家的意义。文化企业家选择和评估地理位置，刻意将企业落户在特定类型的街区，他们正在寻找符合自己身份的独特环境，以重现和加强创造力（Heebels and van Aalst，2010）。区域视觉质量与文化企业家区位行为有显著关系。由于该地区的视觉质量有助于提高创意生产力，因此文化企业家利用城市内部相对自由的位置提升工作场所质量（Smit，2011）。荷兰时装设计企业家（文化企业家）的选址由当地的人文氛围、城市设施或当地的商业气候来决定，并形成聚集经济，集群中的位置能够提高文化企业家的经济绩效。对于选址，时装设计企业家认为城市设施比集聚经济更重要（Wenting et al.，2012）。文化企业家被吸引到偏远的艺术中心不是因为经济收益或职业晋升。与此相反，超出工作的更广泛的拉动因素主要是本土社区环境和个人家庭。但是，选择离开的原因与文化企业家留下的原因有本质的不同（Seet et al.，2015）。

在战略因素方面，巴塞罗那几个城市街区艺术品经销商（文化企业家）集聚的背后因素：这种集聚不是经济、城市发展或社会等因素的反映，而是战略选择组合的结果（Ulldemolins，2012）。

在社会网络因素方面，通过对创业和促销活动的研究，探讨文化企业家社会网络关系对德国文化事业成功的影响：文化企业家的外部网络关系对文化企业的成功至关重要，创始人和管理者（文化企业家）可以通过参与社交网络活动来对建立小微创意企业产生积极影响，成功的社会网络可以有效地帮助文化企业家克服文化领域的重大障碍（Konrad，2013）。艺术工艺品行业的企业家通过正式和非正式的网络交换了大量的同伴帮助，动机的差异直接影响文化企业家重视何种类型的建议（Kuhn and Galloway，2013）。Lee 建立了一个框架，基于该框架运用社会网络分析方法，探讨了创意产业中文化企业家网络的结构和经验（Lee，2015）。社区的逻辑组合会给文化企业家带来绩效优势：重复逻辑组合不利于文化企业家在原有职业社区中的表现。相反，逻辑组合积极影响文化企业家在新职业社区的表现。随着文化企业家与新社区的接触增加，这种影响逐渐减少（Durand and Hadida，2016）。关系网络通过信息获取和可用资源的中介作用影响文化企业家创业。具体而言，家庭关系、业务关系和社区关系可以提高信息的可访问性，而家庭关系和政府关系可以提高资源的可用性（Chen et al.，2015）。

在教育因素方面，通过提供一个创意行业的商业培训尝试和替代方法，可以得出结论：文化企业家很少接受正规的商业培训和支持，他们通过创意企业现实经营环境的社会、文化和经济的嵌入式活动来开发文化资源，进而实现商业学习（Raffo et al.，2000）。通过对文化企业家在创意和媒体领域如何学习新认识进行分析发现：从社会学习角度来看，文化企业家注重在自己的世界中扮演一个"新兴企业家"的个人角色并学习经验，以发展文化企业家身份及其实践，在自己的社会世界中学习的过程和经验成为文化企业家创意创业学习的基础（Rae，2004）。学者研究分析了奥地利、德国和瑞士 154 个艺术院校（公共和私立）的专业设置现状，结果表明：未来（自我经营）的艺术家缺乏商业管理课程学习。艺术家在管理业务时必须自力更生，但他们的教育仅仅集中在艺术技巧而不是管理知识上，艺术家在商业管理课程方面的教育情况普遍较差。在大学和学院里，非艺术课程只提供非常有限的课程，艺术家缺乏在教育环境中培养非艺术能力的机会，尽管这些能力在实践中是高度相关的。因此，未来（自我经营）的艺术家缺乏职业生涯需要的巨大"基础"（Bauer et al.，2011）。

在创业因素方面，Hausmann（2010）通过分析德国文化企业家创业面临的艰难环境，发现了识别促进文化创业成功的发展因素的重要性。文化创业管理程序中的与文化企业家职能相关的初始刺激有助于创业成功。在电子游戏用户创办的新兴集团公司中，用户企业家通过制作以电子游戏为题材的新类型电影，成为动漫产业的文化企业家。用户企业家（文化企业家）获得用于新用途（拍电影）的互补资产（视频游戏），在利用其他公司的资产时恰当处理知识产权问题，结合电影制作领域的知识和视频游戏中的经验创造游戏电影的艺术，最终获得创业成功（Haefliger et al.，2010）。文化企业家以自身独有的特征，充分利用城市艺术以促进创业（Phillips，2011）。印度一位知名出版公司创始人的领导风格和商业模式是基于他对印度价值观、文化和经济的欣赏，是自身经历、教育和专业背景的产物。他个人和商业的价值认识、富有远见和企业家精神的领导风格使他创造出一种特定的商业模式，从而成功创业（Prabhakar and Liddle，2013）。非营利表演艺术机构的有限资金和企业家创业行为之间的关系，揭示了创业、营销和文化企业家的相互作用（Geursen and Rentschler，2004）。

综上可见，国内外学者围绕文化企业家与影响文化企业家的外部因素，探析了影响文化企业家行为的个人特质、文化资源、环境、战略、社会网络、创造力和机会识别等因素。其中，在小微创意企业中以各种不同的方式管理创意与组织、金钱与意义之间的紧张关系，文化资源有着初始效应，战略选择，社会网络可以有效地帮助文化企业家克服文化领域的重大障碍，创造力和机会识别对职业成功具有积极影响，个人和商业的价值认识、富有远见和企业家精神的领导风格使他创造出一种特定的商业模式这六种影响因素与前文文献回顾中文化企业家的能力要素产生了重合。由于本小节的文献大多采用实证研究方法，正好用大量的样本数据佐证了以案例研究方法为主的文化企业家能力的相关结论，也为本书将要进行的创意到创新转化价值网下的文化企业家胜任力研究提供了支撑。同时，环境影响因素的相关研究也用大量样本数据印证了本书关于开展文化企业家胜任力研究必需选取恰当的约束条件的论点，又一次证明了以小微创意企业实现创意到创新转化价值网为基础展开文化企业家胜任力研究的正确性。

第四节　企业家胜任力的相关研究

尽管传统企业与小微创意企业的价值活动存在差异性（传统企业基于以市场价值最大化为导向的线性价值链，小微创意企业基于创意到创新转化的消费者、行业内外其他企业、物理和虚拟空间的价值网），但创意到创新转化的价值网与线性价值链之间依然存在许多重合的价值段，如商业阶段、机会识别阶段等。这些重合的价值段导致企业家理论和企业家胜任力研究与本书研究存在密切关系，同时也为之后对文化企业家胜任力各个领域的划分提供了有力的理论支撑。此外，管理学文献中围绕胜任力和能力两个术语有大量的讨论，它们常常被互换使用，这样就导致技能、知识和胜任力这些术语之间的界限和关系十分模糊。随着技能、知识和能力不加区分地使用情况增多，与胜任力相关的概念也会产生混乱。这种对概念界定的疏忽和术语使用的不精确，在很大程度上阻碍了从实际应用和学术研究的角度发展知识体系。厘清两者的内涵和关系是保证研究结论可靠的充要条件。因此，笔者从企业家理论的发展、能力理论与胜任力理论、企业家胜任力相关内容出发，对已有文献进行梳理和总结，国内外学者提出的许多具有建设性的理论，将对进一步深化创意到创新转化价值网下的文化企业家胜任力研究起到重要的借鉴和启示作用。

一、企业家理论的发展

企业家理论发展的相关文献围绕企业家的内涵、特质、形成机制、企业家精神等方面进行了解释和描述。

企业家来源于法语词"entreprendre"，表示"承接"。16 世纪初，"entrepreneurs"一词指领导军事的人。在很大程度上，这个词相当于冒险者和创造者（高良谋和郑萍，1997）。17 世纪，"entrepreneur"指工程承建者、建筑家或经营者（孙岩利，2005）。18 世纪，杜阁（1961）指出企业家是以资本冒险的人。1755 年，法国经济学家理查德·坎蒂隆在《商业性质概论》中最先使用企业家的概念，并系统考察企业家角色。坎蒂隆认为企业家能够在多变的市场竞争环境中快速捕获并利用未被他人识别的获利机会，承担市场交换风险，获得不确定收益（理查德·坎蒂隆，2011）。1821 年，Say 在 *catechism of Political Economy* 中强调了企业家的重要性，并指出企业家的职能是组织劳动、资本、土地、知识等各项资源实施生产，并为产品寻求价值的经理人。他还指出企业家精神是判断力、坚韧不拔、对商业及世界的认知，必须具有管理与行政的艺术（Say，2012）。1890 年，马歇尔在《经济学原理》中提出企业家扮演着多重角色，既是企业生产经营的指挥者和风险承担者，又是生产要素卖方和产品买方之间的中间人，还是实际经营企业并拥有企业财产所有权的所有者，也是为了实现成本最小化而运用新技术、采用新形式的创新者（马歇尔，1964）。1921 年，弗兰克·奈特在《风险、不确定性和利润》中指出企业家处理不确定性的能力决定了企业经营的优劣情况。企业所获利润的大小，有可能被企业家刚毅或懦弱的性格特质所影响（弗兰克·奈特，2013）。1934 年，熊彼得在《经济发展理论》中指出创新是企业家能力的衡量标准和企业家的本质（约瑟夫·熊彼得，1990）。创新的动力来自企业家精神。企业家精神是指不以经济利益为唯一目的，"个人实现"心理才是最重要的动机（建立私人王国、渴望胜利的热情、创造的喜悦和坚强的意志）。创新成功与否取决于企业家的素质（决策、行动和行为能力的形态）（Schumpeter，2021）。1968 年，Leibenstein（1968）在 *Entrepreneurship and Development* 中指出企业家是阻止所属组织出现运营低效率，从而取得成功的人。1972 年，Alchian 和 Demsetz 在 *Production，information costs，and economic organization* 中以团队生产为出发点，着重强调企业内部组织结构问题，企业团队生产中难以确定每项投入的边际贡献和其相适应的报酬，出现"偷懒"问题，而他把企业家视作监督者，并拥有剩余索取权（Alchian and Demsetz，1975）。1973 年，Kirznar 在 *Competition and Entrepreneurship* 中指出企业家精神是对未被识别的机会的敏锐洞察。他从信息不完全角度出发，认为企业家的作用是从现实经济不能完全掌握所有交易信息中发现交易机会，并作为中间人参与，从而推动市场过程，促进交易实现。企业家行为的本质就是及时发现投入和产出的相对关系中潜在的更有价值的机会，并加以利用。1982 年，Casson 在 *The entrepreneur：An economic theory* 中用企业家市场均衡模型来研究企业家，将企业家定义为专门就稀缺性资源作出判断和决策的人，得出企业家参与市场活动可以解决市场失效带来的信息不完全，降低交易成本。1990 年，道格拉斯·C. 诺思《制度、制度变迁与经济绩效》中指出组织及其企业家是制度变迁的主角，企业家运用自身的才能重新配置资源以获得更多的利益机会，通过组织改变制度框架规则（道格拉斯·C. 诺思，2009）。21 世纪，经济全球化赋予企业家理论更多内容。全球资本市场使领导者的精神状态越来越成为事业成败的关键，企业家成为决策者。后工业化时代的领导者能够运用大量的资源组建企业和市场。资源本身已不再特别重要，决定的因素是如何将资源集中起来创造新价值（James F. Moore，1998）。社会学对企业家概念的理解与经济学有很大的不同，强调把市场和积极的个人主义联系在一起，从而激发创业主体（Bert F. Hoselitz，1960）。

通过梳理以上文献可以看出，企业家理论发展至今，对企业家的内涵、特质、形成机制形成了一套科学全面的阐释。企业家是冒险者和创造者，承担市场交换风险并获得不确定收益者，组织资源实施生产经营并寻求价值者，企业协调人、领导人、工业管理者、决策者，金融资本提供人或承包商。熊彼特认为企业家利用创新要素组合生产新产品，技术创新和市场为其创造经济增长的核心，这个定义迅速扩大了企业家的群体。虽然企业家和文化企业家扮演的角色相同，但各自参与的价值活动并不同。企业家参与的价值活动是基于传统企业背景展开的，传统企业的价值链是市场竞争导向，即以市场价值最大化为目标。文化企业家输出的价值并非单纯价值，包括文化和经济双重价值。小微创意企业和文化企业家经历的从生产到消费的过程不仅仅是以市场价值为导向的线性价值链过程，更是围绕艺术与商业的平衡，涉及消费者、行业内外的其他企业、物理和虚拟空间的价值网。在这样的情况下，如果仍然用企业家理论对文化企业家的内涵、行为、特质等进行分析和阐释显然是不合适的，会造成结论的片面和失真。

二、能力理论与胜任力理论

笔者梳理了能力理论和胜任力理论的相关研究，总体而言，从 20 世纪 70 年代至今，国内外学者围绕能力和胜任力的概念、特性、研究原则和研究方法等，已经作了相当丰富的探析。从这些研究中也能够寻找到本书选择文化企业家胜任力而不是能力作为研究对象的理论支撑。

英国学者更多地研究能力。能力被看作描述在某个职业领域工作的人应该并且能够做到的事情，或者是描述一个人能够展示的行为或结果（Cheng et al.，2003）。在英国，政府资助的机构和国家职业资格委员会制定有关职业能力的标准，职业资格都是基于此。1990 年，管理宪章运动把管理能力标准作为能力框架的一种形式，到目前为止能力框架的概念已被用于许多不同的专业和职业群体，如护理、项目经理和全球领导人（Brownell and Goldsmith，2006）。核心能力被定义为"组织中的集体学习，尤其是如何协调不同的生产技能和整合多种技术流"（Prahalad and Hamel，1990）。核心能力的优点是"认识到推动企业绩效的人、技能和技术的复杂交互作用，并强调学习和路径依赖在能力演变中的重要性"（Scarborough，1998）。能力与个人模式、结果模式和教育培训模式有关，与使用的基本绩效标准有关（Mangham，1986）。能力的三种不同使用方法包括：结果（描述人们在工作中需要做什么的职业标准）；任务（描述当前发生的事情）；个人特质或特点（描述人们是什么样的）（Mansfield，2004）。定义能力的九种不同方式包括：一般认知能力；专业认知技能；能力绩效模型；改进的能力绩效模型；客观和主观自我概念；有动机的行为倾向；行为能力；关键能力；元能力（Weinert，2001）。能力的概念存在混淆和争论，以至于不可能确定或推断出一个连贯的理论，也不可能得出一个能够包含能力术语所有使用方式的定义。能力实际上是一个"模糊概念"，是一个有用的术语，弥合了教育和工作要求之间的差距（Boon and van der Klink，2002）。

1973 年，David·McClelland 博士受美国政府委托，要设计一套能够有效预测实际工作业绩的人员选拔方法。项目完成后，David·McClelland 博士提出，传统的智力和能力测验不能预测职业成功，必须从第一手材料入手，直接发掘能够真正影响工作绩效的个人条件和行为特征。他把这种直接影响工作业绩的个人条件和行为特征称为胜任力。胜任力是能将某一工作中有卓越成就者与普通者区分开来的个人的深层次特征，它可以是动机、特质、自我形象、态度或价值观、某领域的知识、认知或行为技能等任何可以被可靠测量或计数的，并且能显著区分优秀与一般绩效的个体特征，它包括个体特征、行为特征和工作的情景条件。此后，许多研究者开始从不同的视角对胜任力进行定义，因此其含义并不唯一。美国学派的 Boyatzis 首先将胜任力引入管理领域，通过对两千多名管理者的研究，开发了他的管理胜任力模型，包括 100 多种潜在的管理胜任力，并提出了胜任力的三个层次：动机和特质；社会角色与自我概念；角色转换。Boyatzis（1982）的研究把胜任力作为一个人的潜在特质，这种特质可以使其在工作中产生有效的行动和卓越的绩效。许多学者的研究都建立在 Boyatiz 研究的基础上。Bartlett 和 Ghoshal（1997）把胜任力分为三类：态度/特性、知识/经验、技能/才干。Stuart 和 Lindsay（1997）也把胜任力定义为一个人的技能、知识和个人特征。20 世纪 70 年代，胜任力被作为美国管理协会的一项倡议来发展，用以识别优于一般管理绩效的特征。研究者普遍认为胜任力理论是建立在对成功领导者的研究基础上的，理论将他们的行为、态度和技能分解成可测量的指标并构建模型，通过这种方式来帮助创造卓越绩效的人。

综上所述，相关研究成果为本书接下来开展创意到创新转化价值网下的文化企业家胜任力研究提供了相关的理论基础和重要的研究借鉴。值得指出的是，相较于能力而言，胜任力研究必须被情境和社会定义，这种特征很大程度上加强了本书对文化企业家胜任力框架建构和应用的研究精度。另外，企业的规模不同，胜任力在质量和数量上也会不同。在这一点上，能力的精确度和复杂性远低于胜任力。因此，鉴于本书基于特定的企业规模（小微创意企业），选择胜任力作为研究对象可以使结论更加准确。胜任力和能力关系的梳理，对本书研究的可靠性具有十分重要的意义，因此笔者会在第三章进行详细分析和阐释。

三、企业家胜任力

企业家作为推进企业成长的核心人物，是企业发展的引擎（约瑟夫·熊彼特，1990）。随后，企业家的胜任力特质模型等方面的研究就成为新方向。20 世纪 70 年代初，哈佛大学教授 David·McClelland 提出胜任力概念后，企业家的胜任力成了很多学者钻研的一个热点问题。尽管企业家胜任力是基于线性价值链，而文化企业家胜任力是基于创意到创新转化价值网，但两者之间依然存在许多重合的价值段，这也造就了企业家胜任力研究与本书研究的密切关系，同时也为之后研究对文化企业家胜任力各个领域的划分提供了有力的理论支撑。因此，对企业家胜任力相关文献的梳理和总结，能够有效地帮助本书寻找理论基础和研究提示。

先前许多学者对企业家的特征进行详细探究，希望能建构一组特征用于识别企业家，但研究人员发现很难确定这样一组特征，因为在现实比对中很少有企业家拥有文献中提到的所有特质和属性。有的特征只是比较容易识别杰出的和公众曝光率较高的企业家，而那些未来将成为企业家的学生或新创业者很难被认定。鉴于特征方法对企业家识别和描述的局限性，加之资源基础理论指出企业家及其胜任力是企业的核心资源，之后许多研究者开始把对企业家的识别研究集中在胜任力理论上，由此提出了企业家胜任力。企业家胜任力属于个人层面的胜任力，包括两个关键方面，即创业胜任力（识别和利用机会）和管理胜任力（获取和利用资源，以协调商业利益和活动）（Lerner and Almor，2002）。创业胜任力和管理胜任力是多维结构。基于创业、管理和技术三个功能角色，创业角色要求企业家有能力识别商机，并推动企业走向成功；管理角色要求具备构思、人际交往和政治能力；技术角色要求能够使用专业领域所需的工具或程序（Chandler and Jansen，1992）。加拿大五十家最佳管理公司给出了包含十个维度的企业家胜任力描述：管理成长和变化、人力资源问题、市场开发与销售、商业规划和战略、实施战略、领导技能、经济条件、竞争力、资本、现金流、税收（Kim and Hong，2017）。在创业胜任力方面，创业胜任力为一组导致企业产生、生存和成长的潜在特征，这些特征包括特定的知识、动机、特性、自我形象、社会角色和技能（Bird，1995）。创业胜任力是在新的或现有的组织中，将风险承担、创新和良好的管理结合起来，创造和发展经济活动的思想和过程（Rezaeizadeh et al.，2017）。行为方法适用于机会、关系、分析、创新、运营、人力、战略、承诺、学习和个人优秀十个创业胜任力领域（Man et al.，2002）。Baum 和 Wally（1994）在他人研究的基础上形成了九个创业胜任力量表，包括知识、认知能力、自我管理、行政管理、人力资源、决策技能、领导能力、机会识别和机会发展。《创业的关键胜任力》指出"创业阶段的相关胜任力是风险假设、主动性、责任感、活力、故障排除、信息搜索和分析、结果导向、变更管理和工作质量"（Roblesa and Zárraga-Rodrígueza，2014）。在管理胜任力方面，管理胜任力包含职能胜任力要素（如市场营销与财务）、组织胜任力要素（如与组织和激励有关的技能）、个人技能要素、领导胜任力要素（Smith and Morse，2005）。Reuber 和 Fischer（1994）以 16 个专业领域描述管理胜任力，包括综合管理、战略规划和市场营销。Orser 和 Riding（2003）开发了 25 个管理胜任力量表，分为九个功能区。管理胜任力包括开发管理系统的能力和组织协调的能力；产生想法；概念和分析；协调活动；客户管理；授权与激励；认识和利用机会；制定利用机会的战略；招聘；决策；领导；承诺能力。企业家胜任力是一组高层次的特征，用于体现企业家成功完成工作的能力。企业家胜任力具有双重来源：一是深刻地植根于企业家背景的部分，即人格特质、自我形象、态度、社会角色。二是可以在工作中获得或通过理论、实践学习获得的部分，即技能、知识、经验。前者有时被称为"内在因素"，虽然很难改变，但仍然可以培养，需要很长时间的保持才能生效。后者通常被称为"外在因素"，可以通过适当的学习和训练获得，并通过不断的实践生效（Ahmad et al.，2010）。在企业家胜任力与企业生命周期相结合的研究方向上，宋培林（2011）、阿依努尔·艾孜木和韩芳（2010）基于企业不同成长阶段的企业家胜任力结构、胜任力模型、胜任力跃迁机理等作了相关研究，提出在创业、守业和展业不同阶段，企业面临着不同的难题，企业家只有具备相应的胜任力结构，才能解决这些难题，推进企业成长。为了满足企业成长对企业家胜任力结构的需要，企业家胜任力结构应当随企业成长而跃迁。在以行业背景为区分的企业家胜任力的研究方向上，陈万思（2008）从个人风格与学习、问题决策与影响、组织管理与创新、行业成就与自信四个方面构建新浙商家族企业继承者胜任力模型。

综合以上文献可以看出，大多数学者的研究涉及企业家胜任力模型、理论基础及起源，部分学者研究聚焦于不同的环境背景、经济条件、行业背景下企业家胜任力的要求和特征，也有部分学者从竞争力、企业发展理论等方面来进行分析探讨。笔者发现，过去尽管国内外学者关于企业家胜任力的研究已经十分丰富，且在不同的社会和情境定义下围绕企业家胜任力进行了许多分析，并建立了不同层级的分类列表，但基于小微创意企业实现创意到创新转化价值网这个社会和情境定义下的文化企业家胜任力的系统探析是前人研究的一个空白。因此，本书可以从这个空白领域展开深入探析，以此丰富企业家胜任力的研究成果。

第五节　研究评述

综合以上文献，国内外学者围绕小微创意企业与创意、创新，价值网，文化企业家，企业家胜任力作了研究。总体而言，相关研究具有以管理学为核心，多门学科参与并深度融合实践的特点，呈现多学科、多视角的态势。这些文献为本书进一步开展文化企业家胜任力研究提供了相关理论基础和重要的研究借鉴。

在小微创意企业与创意、创新方面，之前文献研究了小微创意企业的创造性投入、商业价值和文化价值的双产出、广泛的包容性、在相互关联的网络链中运作等特征，展现了其与传统企业的诸多不同。这些文献提出创意是创造的能力，是新的有用或有价值的想法，建立在文化背景之下又反过来影响文化审美，并指出创新是新产品或服务的实现，是帮助组织或产品成功实现市场化的方法，是优化组织生成和交付创意产品的方式。

在价值网方面，学者分别从业务流程、企业参与者的关系、价值提供的对象、组成要素和价值构成等方面，对价值网的概念进行了描述。不难看出，由于经济全球化和技术的颠覆，企业的运营方式及企业不同层级之间参与者的互动方式正在发生根本性改变。这不仅意味着商业模式正在改变，还意味着传统价值链系统正面对一系列破坏性因素。价值网正在改变传统价值链的运作方式，在合作伙伴、生产商、经销商和消费者之间建立一种全新的联系。

在文化企业家方面，从收集到的文献情况来看，在时间分布上，第一阶段研究基本从 1982 年开始，2004 年逐渐步入尾声。其间经历了从文化产业到创意产业的过渡，产生了文化创业者、艺术管理者、文化小资产阶级、文化中介、创意管理者等诸多概念，对文化企业家的认识从模糊到逐渐清晰。Florida 于 2004 年在 "*The Rise of the Creative Class*" 中提出 "创意阶层" 概念和 Ruth Towse 于 2011 年编著的 *A handbook of cultural economics*，为后期从管理学和经济学角度深入探析文化企业家的相关问题奠定了坚实的基础。学者从竞争优势、人力资源、文化创业、战略、文化资本等一系列经济学和管理学问题方面关注文化企业家，形成丰富的研究成果。具体来看，围绕文化企业家的概念，学者从身份、特质、所属阶层等视角对这个新兴的社会角色进行解释和描述，并尝试重新界定其内涵和概念。其中，"重视创造力、个性""在艺术和商业的世界之间移动""创造文化价值""艺术守门人的角色"这四种描述在不同视角的概念界定中以显性或隐性的方式出现，是文化企业家内涵阐释中比较重要的组成部分。围绕文化企业家的能力，先前文献从空间能力、艺术技能、商业技能、处理文化创意企业事务的能力等方面进行了解释和描述。另外，研究者不仅对文化企业家具备的能力进行了分析，还指出了其缺乏的能力。总体而言，创意能力、平衡文化与经济的能力、商业能力这三种能力在文献中以显性或隐性的方式出现的频率最高，是文化企业家能力研究中比较重要的组成部分。同时，笔者也发现接近 85% 的文献集中在对文化企业家处理小微创意企业事务能力的研究上，这在很大程度上佐证了本书把小微创意企业实现创意到创新转化价值网作为分析框架的正确性。先前文献围绕文化企业家与影响文化企业家的外部因素，探析了影响文化企业家行为的个人特质、文化资源、环境、战略、社会网络、创造力和机会识别等因素。其中，在小微企业中企业以各种不同的方式管理创意与组织、金钱与意义之间的紧张关系，文化资源有着初始效应，战略选择，社会网络可以有效地帮助小微文化企业家克服文化领域的重大障碍，创造力和机会识别对职业成功具有积极影响，个人和商业的价值认识、富有远见和企业家精神的领导风格使他创造出一种特定的商业模式这六种影响因素与前文文献回顾中文化企业家的能力要素产生了重合。由于该小节的文献大多采用实证研究方法，正好用大量的样本数据佐证了以案例研究方法为主的文化企业家能力的相关结论，也为本书将要进行的创意到创新转化价值网下的文化企业家胜任力研究提供了支撑。

在企业家胜任力方面，企业家理论演化发展的相关文献围绕企业家的内涵、特质、形成机制、企业家精神等方面进行了解释和描述。企业家是冒险者和创造者，承担市场交换风险并获得不确定收益者，组织资源实施生产经营并寻求价值者，企业协调人、领导人、工业管理者、决策者，金融资本提供人或承包商。熊彼得认为企业家利用创新要素组合生产新产品，技术创新和市场为其创造经济增长的核心，这个定义迅速扩大了企业家的群体。能力理论和胜任力理论的相关文献描述了自20世纪70年代起两个概念不断发展的情况。能力的概念、性质及用途为胜任力研究的发展打下了基础，胜任力体现了能力的本质特征。在企业家胜任力的相关文献中，研究者在不同的社会和情境定义下围绕企业家胜任力进行了许多分析，并建立了不同层级的分类列表。国内外学者把企业家胜任力整合为两个部分：创业胜任力和管理胜任力。大多数学者一致认同最重要的企业家胜任力是管理胜任力。

回顾文献发现，尽管学术界已经对小微创意企业与创意、创新，价值网，文化企业家，企业家胜任力的相关问题予以了关注和探讨，但现有研究仍然存在以下需要进一步拓展和深化的问题：

第一，尚未阐释小微创意企业是在一个高度协作、创造性和网络化的价值网中进行创意到创新转化的循环。之前文献研究了小微创意企业的创造性投入、商业价值和文化价值的双产出、广泛的包容性、在相互关联的网络链中运作等特征，展现了其与传统企业的诸多不同。但是，相关研究仅集中于小微创意企业某一个或两个特征，并没有从组织规模、生产特点、运营模式等方面对小微创意企业的内涵进行整体概括，也尚未明确创意到创新转化这一重要的运营模式。另外，虽然这些文献围绕创意和创新两个主题作了丰富的研究，但没有描述创意到创新的转化，以及转化过程中创意和创新在企业中各自的职能归属、运行特点和资源需求，也没有说明该过程与小微创意企业的关系。

第二，缺乏对小微创意企业实现创意到创新转化价值网的系统研究。传统价值链是依次推进的线性过程，很难全面、合理地解释小微创意企业在整个价值创造过程中超越企业层面而转移到网络层面的价值行为。部分研究虽然注意到这个问题，但并未作专项系统讨论。此外，由于过往研究忽视了小微创意企业的运营模式，没有在创意产品的成功开发和市场化（创意到创新的转化）的基础上分析企业运营，因此错过了重要的价值要素，导致其过于简单地看待这些要素和价值行为之间的关系。建立小微创意企业实现创意到创新转化价值网的系统理论，是深入探讨文化企业家胜任力的重要理论前提。

第三，对基于小微创意企业实现创意到创新转化价值网的文化企业家胜任力的探析是前人研究的空白。以实现创意到创新转化价值网为社会和情境定义，对文化企业家胜任力进行研究是本书首次提出的，学术界尚没有直接针对这一社会定义下的文化企业家胜任力的研究。由于文化企业家胜任力的多重属性，同时囿于数据与方法的局限，现有的研究尽管提供了较为丰富的视角和不同的语境，但这些研究都是从某一种或某一类属性出发的，结论呈现碎片化态势，全面分析与构建文化企业家胜任力体系还有待深入开展。另外，学者全部跳出了小微创意企业实现创意到创新转化价值网的理论框架，导致理论与实践的衔接度不高，难以在企业发展过程中发挥指导性作用。小微创意企业不仅是文化企业家赖以存在的组织基础，也是其一切行为活动的价值载体。本书选择基于小微创意企业实现创意到创新转化价值网的分析框架，可以观察文化企业家在企业中产生的所有价值行为，从整体上更加全面地观察到基于这些价值行为的文化企业家的胜任力，从而有效弥补之前研究单纯从某个孤立点对文化企业家能力进行阐释的缺陷，从根本上改变对文化企业家胜任力的理解。

第四，缺乏对文化企业家利用政策发展胜任力的抑制因素及相关建议的研究。从文献回顾情况看，学者们多针对某一项或某两项能力提出相关政策建议，少有学者从抑制因素的角度探讨文化企业家利用政策发展胜任力的情况。在国家大力提倡发展文化创意企业、把文化产业发展作为国家新经济增长点的政策背景下，尽管小微创意企业的生存环境得到了不断优化，但与此同时，数据显示由文化企业家执掌的小微创意企业在识别和获取关键性资源、产品运营、管理等方面出现了令人费解的薄弱态势，这对经营这些小微创意企业的文化企业家们利用政策发展胜任力提出了严重质疑。了解文化企业家利用政策发展胜任力的抑制因素及这些抑制因素的作用机制成为亟待解决的问题。

第三章 创意到创新转化价值网下的
文化企业家胜任力研究的
基本理论及分析框架

对已有的具有借鉴和启示作用的理论成果进行梳理和总结后，笔者提出了本书研究主题的基本理论和分析框架。基本理论包括小微创意企业的内涵、运营模式、文化企业家的内涵和文化企业家胜任力。分析框架即文化企业家胜任力研究的社会和情境定义，是小微创意企业实现创意到创新转化的价值网。

第一节 小微创意企业的运营模式

小微创意企业的运营模式是文化企业家一切行为活动的价值载体，包括企业创立、生存和成长的所有工作流。该运营模式能够完整地呈现文化企业家创业胜任力和管理胜任力的所有要素，而不是过分强调单一的工作计划，能够从最接近实践的角度准确地捕捉到文化企业家在企业发展的不同阶段所扮演的角色，有效地帮助文化企业家实现特定的增长目标，同时也保证了研究结论的实践性和准确性。因此，小微创意企业的运营模式成为本书重要的研究基础。

一、小微创意企业的发展背景与内涵的重新阐释

《关于印发中小企业划型标准规定的通知》指出文化、体育和娱乐行业划型标准：从业人员 300 人以下的为中小微型企业，其中从业人员 100 人及以上的为中型企业；从业人员 10 人及以上的为小型企业；从业人员 10 人以下的为微型企业。小微创意企业数量占文化企业总数的 98.5% 以上。小微创意企业是创意产业的基本单元，认识创意产业能够了解小微创意企业的发展背景，分析

小微创意企业商品和服务创造、生产和分配循环的特征。同时，认识创意产业是阐释小微创意企业内涵的基础，能够清楚地回答为什么"创意企业"也叫"文化创意企业"的问题。

20世纪四五十年代出现了"文化产业"的概念，文化产业是在国家的文化政策中发展起来的，置于国家文化政策的权限之内。20世纪七八十年代商业的崛起使文化产业开启了概念重构。大量文献将艺术与媒体作为文化产业，强调艺术应用于实践。从本质上讲，文化产业现象往往是艺术与已建立的商业或大型公共部门的串联（Cunningham，2002），它反映了观众发展和社区参与情况。许多文献仅仅将艺术作为一个行业部门，将艺术与媒体作为文化产业。这与现在提出的创意产业有很大不同。在通常情况下，文化产业需要在艺术里应用新古典经济学，也可以说它是应用于艺术的新古典经济学。其外在性、价值和公共产品的观点非常重要，这一特征被创意产业完全继承。

"创意经济"和"创意产业"的概念来源于经济发展战略和政治议程。"创意产业"首次被讨论是在20世纪90年代，由英国文化、传媒及体育部于1998年发表的创意产业计划文件中提出，是"源于创造力、技能和天赋，通过生成和开发知识产权，具有创造财富和就业潜力的那些行业"（DCMS，1998）。英国专案组的定义重点强调商业或可商业化的潜力，它试图从补贴艺术中进行历史转变，走向新的和更广泛的商业应用。它提供潜在的以满足更广泛包容性和多样性的目标，被视为知识经济的创新源泉，为各种行业的潜在产品提供无限的新思路。这个概念后来被其他政府机构和国际机构采用。欧盟绿皮书解锁文化创意产业的潜力，提出创意是创新的关键要素和后工业经济的增长引擎（European Commission，2010）。创意产业被定义为艺术与商业的契约，它探讨了连接既定艺术和媒体的经济和契约动力（Caves，2000）。该定义关注的是构成整个艺术媒体范围的共性。从企业经济学的角度来看，创意经济是：Ideas教人如何赚钱，给了一个非常宽泛的定义；版权、专利、商标和设计行业共同构成创意产业，它包括所有基于专利研发和以科学工程技术为基础的部门（Howkins，2001）。

英国文化、媒体及体育部在描述创意产业概念的同时，首次提出创意产业分类模式，这种模式包括13个行业，如广告、建筑、艺术和古董市场、工艺品、设计、时尚、电影和视频、音乐、表演艺术、出版、软件、电视和广播、视频和电脑游戏（DCMS，1998）。此后，研究者又提出一些不同的分类模型，模型规定了不同层次的"创意产业",将其作为一种手段,帮助对"创意产业"的结构特征进行系统的理解(Dubina et al.,2012)。在符号文本模型中,有三个集群:核心产业(广告、电影、互联网、音乐、出版、电视和广播、视频和电脑游戏);周边行业(创意艺术);边缘产业(消费电子、时装、软件和体育)(Creative Economy Report,2008)。在同心圆模型中,有四个层次:核心创意艺术(文学、音乐、表演艺术、视觉艺术);其他核心文化产业(电影、博物馆和图书馆);更广泛的文化产业(遗产服务、出版、录音、电视和广播、视频和电脑游戏);相关行业(广告、建筑、设计、时尚)(Creative Economy Report,2008)。世界知识产权组织也提出了一个"创意产业"的分类,它考虑了提供版权产品和服务的行业:核心版权产业(广告、电影和视频、音乐、表演艺术、出版、软件、电视和广播、视觉和图形艺术);部分版权产业(建筑、服装、鞋类、设计、时尚、家居用品、玩具);相互依存的版权产业(空白记录材料、电子消费品、乐器、纸、复印机、照相器材)(Creative Economy Report,2008)。创意产业分类方法的扩展变体是 UNCTAD 模型。该模型将"创造性"的概念从具有强烈艺术成分的活动扩展到任何经济活动,生产出对知识产权极度依赖的符号产品,以及尽可能广泛的市场。UNCTAD 模型区分"上游活动"(传统文化活动,如表演艺术、视觉艺术)和"下游活动"(更接近市场,如广告、出版或媒体相关的活动),认为第二组来自低再生产成本和易于转移到其他经济领域的商业价值(Greative Economy Report,2008)。该模型涉及设计、视觉艺术、出版、音乐、录音和录像、广告和营销、建筑等创意产品和服务领域的 236 个职位。

从历史上不难看出,文化产业和创意产业之间的连续性,创意产业的提出与界定与 20 世纪四五十年代引进和发展的"文化产业"和 20 世纪 70 年代末引入的"文化经济"概念(文化经济具有文化产品融入经济和市场的特征)有着密切的联系。创意产业包括文化产业传统的相关活动(建筑、电影、音乐、出版)及在艺术生产的核心(表演艺术、视觉艺术)与其他产业相融合的活动。欧盟绿皮书提出将文化和创意产业作为经济增长和繁荣发展的主要因素。由此可以看出,当代资本主义从艺术与文化的象征生产中吸取经济价值,从而上演了成功的思想转向,创造了一个新的经济范畴,实现了以下目标:它满足了企业对产权立法要求变更的需要,包括创意产业的软件公司等,从而增加了艺术和创造的威望,植根于 19 世纪艺术家对这些新经济部门的社会再现

（Vivant，2013）。可见，创意产业是文化产业的发展，两者密不可分。创意产业处于艺术、文化、商业和科技的交叉点，从艺术和文化的象征生产中吸取经济价值。创意产业被描述为在新知识经济和新媒体技术的背景下，创意艺术（个人才能）及文化产业（大规模）与实践的融合（Hartley，2005）。从UNCTAD模型角度看，文化产业是创意产业的一个子集。因此，创意产业也常常被称为文化创意产业。

从文化产业与创意产业的历史渊源可以看出，这些构成创意产业的大量小企业、微型企业和少数的大型企业，因为创意产业与文化产业这种特殊的密不可分的关系，既被称为"创意企业"，又被称为"文化创意企业"。基于创意产业发展的大背景，借鉴之前学者对小微创意企业特征的探析，经过补充和延伸，本书从组织规模、生产特点、运营模式三个方面对小微创意企业的内涵阐述如下：小微创意企业的组织模式特色是以小微型企业为主，相互依存，连成网络。小微创意企业同时具备典型的文化公司的规模、承诺和商业实践的精神（创造财富和满足市场）；技术、组织创新和创造力使其与客户和公众的关系不依赖于传统的集中生产；互动性、融合性、个性化、协作和网络是关键。小微创意企业以创造力和智力资本为主要输入，通过创意到创新的转化实现创造力的文化和商业应用，从而创造艺术和经济价值。它是在一个高度协作、创造性和网络化的价值网中进行创意到创新转化的循环，涉及许多传统行业。

二、创意到创新转化的网状价值实现的运营模式

基于创意产业发展的大背景，借鉴之前学者对小微创意企业特征的探析，经过补充和延伸，本书从组织规模、生产特点、运营模式三个方面对小微创意企业的内涵进行概括，并明确指出小微创意企业以创造力和智力资本为主要输入，在一个高度协作、创造性和网络化的价值网中进行创意到创新转化的循环，通过创意到创新的转化实现创造力的文化和商业应用，从而创造艺术和经济价值。创意到创新的转化是小微创意企业的根本运营模式。由此可见，创意、创新的内涵，两者在小微创意企业中的转化关系，网状价值模式与相关理论，共同构成了小微创意企业运营模式的理论基础。遗憾的是，先前文献并没有基于小微创意企业的运营对创意、创新的概念进行明确描述，也没有阐释两者在小微创意企业中的转化关系，更没有说明小微创意企业为什么是网状价值模式的。此外，创意和创新经常在文献中被混淆使用，虽然它们是相关的，但两者有着非常不同的含义。为了能够清楚地描述小微创意企业创意到创新转化的网状价值实现的运营模式,本书弥补了先前学者没有以企业的内涵、商品和服务、生产和分配为约束条件的不足,重新定义了创意和创新,并详细阐述了两者在小微文化创意企业中的转化关系和小微创意企业的价值活动。

第一,本书以小微创意企业的内涵、商品和服务、生产和分配为约束条件,把创意的内涵阐释为基于相关元素,为组织创造产品、服务的新知识和新想法。创意过程必须通过创新进行市场过滤,这是非常强大的约束。本书把创新的内涵阐释为新知识和新想法转化为具体产品或服务的过程,该过程使新想法、服务、产品的功能特性具有市场竞争优势。创新过程发生在许多阶段:新企业的发展、创意产品的开发、市场化流程、获取所有新资源。社会制约因素在创新中发挥了重要作用,创新过程帮助创意结果成功地通过市场过滤。创新是使创意过程和结果的社会用途得到市场认可,只有在这样的情况下才能体现产品或过程的创新。创新需要以多元合作为准则,需要很多参与者、开放式交流、社会网络,以及多途径获取资源。

第二,本书还阐释了以小微创意企业运营为约束条件的两者的转化关系:小微创意企业以创造力和智力资本(创意)为主要输入,通过创意到创新的转化实现创造力的文化和商业应用,从而创造艺术和经济价值(创新)。在小微创意企业中,创意产生新颖有用的思想,创新提炼和实施这些思想,使之得到市场应用。创意既是创新的关键输入,又依赖创新实现价值。创意是问题识别和想法生成,创新对这些想法进行筛选、提炼、开发和商业化。简言之,创意是想法的产生,创新是把创意付诸行动,把创意转化为商业价值和其他价值的过程。创新能力以小微创意企业或其产品的品牌形式出现,品牌既是创意的保证,又是创新的承诺。小微创意企业的运营过程产生了一个涉及多个参与者的丰富而复杂的网络。在本书中,创意和创新被看作小微创意企业运营中的两个连续而又循环的阶段,即新思想的产生阶段和新思想的实现及成功市场化阶段,创意到创新的转化并不是简单、线性的顺序结构,他们处于有三个核心单元的网状结构中,第五章会有详细论述。小微创意企业中创意到创新的转化如图3-1所示。

第三,笔者对小微创意企业的价值活动存在于网络进行解释。首先,小微创意企业完全符合美世咨询公司在对北美、欧洲和亚洲的公司进行研究后提出的价值网公司的五个特征:①以客户为中心。客户选择触发公司及其供应商网

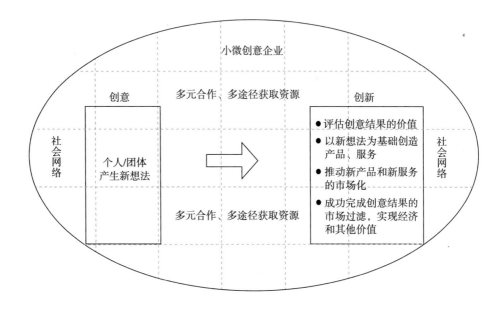

图 3-1 创意到创新的转化

注：虚线部分表示小微创意企业实际运营情境。

络内的采购、建设和交付活动。②合作。公司让供应商和客户参与创造价值的关系网络。每项活动都分配给最有能力完成的合作伙伴。③敏捷且可扩展。通过灵活的生产、分配，确保对变化的响应。最大限度地减少实体约束和资本要求。通过设计，企业可以轻松扩展，以满足需求的变化。④快速流动。从订单到交货的周期被压缩。库存可以忽略不计。⑤数字化。信息系统构成了网络的神经中枢，连接着客户、供应商和增值活动。其次，小微创意企业以创造力和智力资本为主要输入，并非实物资产。技术、组织创新和创造力使其与客户和公众的关系不依赖于传统的集中生产。互动性、融合性、个性化、协作和网络是关键。为了增加顾客密度和促进价值创造，小微创意企业有时需要在技术上联合，共享知识资产、互补产品、客户数据库，有时需要建立网络联盟。对于小微创意企业，信息不再是环境的一部分，正在成为环境。显然，当几个组织共享技术或智力资本时，真正的价值创造过程就完全发生了变化。但是，传统的价值链完全忽视了智力资本和互补产品及技术的影响。因此，小微创意企业动态和复杂的运营过程要求在概念和实践层面对组织间的交流有更高层次的网络观点。

第二节　文化企业家胜任力

　　本书基于哪些因素的考虑选择文化企业家胜任力而不是能力作为研究对象？为了充分说明这个问题，接下来笔者会详细阐释文化企业家的内涵、能力和胜任力的关系，从而剖析胜任力在文化企业家研究中对保证结论的可靠性和全面性所具备的巨大优势。另外，作为本书的最终落脚点，文化企业家胜任力研究使用什么样的约束条件？对胜任力各个领域的划分采用什么理论支撑？这两个问题成为整个研究的关键所在。

一、文化企业家内涵的重新阐释

　　《关于印发中小企业划型标准规定的通知》指出文化、体育和娱乐行业划型标准：从业人员300人以下的为中小微型企业，其中从业人员100人及以上的为中型企业；从业人员10人及以上的为小型企业；从业人员10人以下的为微型企业。本书把经营小微创意企业的文化企业家称为文化企业家。对文化企业家内涵的全面深入理解，是开展关于文化企业家所有研究的起点和前提，也是进行研究设计的理论基础，因为这种特殊重要性，它始终被学者关注。

　　采用传统企业家理论作为分析框架定义文化企业家内涵，将会丢失其在小微创意企业网状价值活动中的重要描述要素，造成内涵阐释的片面和失真。传统企业家理论发展至今，对企业家的内涵、特质、形成机制形成了一套科学全面的阐释。企业家是冒险者和创造者，承担市场交换风险并获得不确定收益者，组织资源实施生产经营并寻求价值者，企业协调人、领导人、工业管理者、决策者，金融资本提供人或承包商。熊彼得认为企业家是利用创新要素组合生产新产品，技术创新和市场为其创造经济增长的核心，这个定义使企业家的群体迅速扩大。虽然文化企业家所从事的部分活动可以通过传统企业家理论框架来解释。例如，设计领域（家装设计、园林设计等）的文化企业家对产品（设计方案）的开发和市场化会经历一系列的风险、投资、合同及社交网络的协调。但是，传统企业家理论毕竟是基于传统企业背景提出的，传统企业的价值链以市场竞争为导向，即以市场价值最大化为目标，显然不能够充分地揭示文化企业家的全部价值活动。文化企业家输出的价值并非只有单纯功利功能，还包括文化和经济双重价值。其经历的从生产到消费的过程不仅仅是以市场价值为导向的线性价值链过程，还是围绕艺术与商业的平衡，涉及消费者、行业内外的其他企业的网状结构价值链。

因此，本书基于小微创意企业实现创意到创新转化价值网，观察文化企业家在组织中产生的一套完整的价值行为，从整体上更加全面地观察基于这些价值行为的文化企业家所属的组织、根据组织目标产生的职能和特质，有效完善之前研究单纯从某一个孤立的点对内涵进行描述方法，从根本上改变从前对文化企业家内涵的理解。

先前文献纷纷从身份、特质、所属阶层的视角对文化企业家这个新兴的社会角色进行解释和描述，并尝试界定其内涵和概念。以实现创意到创新转化作为情境和社会定义对文化企业家内涵进行概括由本书首次提出，学术界尚没有直接针对这一约束条件的文化企业家内涵的研究。但是，在已有研究中，"经济利益不是唯一的目标，艺术守门人的角色更加重要""把经济当成实现文化价值的工具""利用自己的艺术和创意敏感度来发现机会并提供创意产品、服务或经验的人"等相关概念，都与"创意到创新转化下的文化企业家内涵"具有较为密切的联系。此外，文化企业家的能力、文化企业家的影响因素、企业家理论的发展也可为阐释文化企业家内涵提供支撑。因此，笔者从这些相关概念出发，在分析和总结已有文献的基础上，提出全新的情境和社会定义，强调小微创意企业是文化企业家赖以存在的组织基础和一切行为活动的价值载体，采用基于小微创意企业实现创意到创新转化价值网的分析框架，从自我进取的社会学角度，围绕文化企业家所属组织、根据组织目标产生的职能和特质提出、界定和阐述其内涵，从根本上改变先前研究提出的劳动力市场理论对移动工作者的解释。文化企业家以创造力为核心的特征导致创意行业竞争十分激烈，在这样的组织环境中他们需要生产出超越艺术家的、包含商业和管理技能的创意产品和服务，他们是文化和商业的复杂结合体，帮助企业和产品实现形象塑造与受众建构是他们重要的职能，笔者强调该职能是创意和市场化（创新）的双重职能。文化创意产品的成功产生可以被视为文化企业家事业项目的基础，他们还需要把新构想开发为文化创意产品，使其具有潜在的交换价值，以推向市场获得回报和奖励。只有实现创意到创新的转化，文化企业家才能行使全部职能。笔者还需要明确提出的是文化企业家的价值主体：文化企业家的动机不能只有经济利益，经济利益并不是他们的唯一追求。对于他们来说，从事符合职业理想和身份的活动很重要。换言之，他们追求艺术层面上的回报，以此满足文化企业家的理想表达和情感需要，这就体现了文化企业家的价值主体。文化企业家不断地结合商业技能与创造力和智慧进行着文化实践，获得文化资本、社会资本和象征资本对文化企业家非常重要。象征资本体现了文化企业家与其他相关者的区别，如积累的信誉、名誉、荣誉和声誉，它为经济资本创造了潜在可兑换性。它的相关形式包括声望、排行榜位置、销售记录、网站点击率、媒体评论、赢得人才竞争、在重要地点或事件中的表现等（Bourdieu and Passeron，1977）。文化企业家与艺术家的相同之处是他们都推进文化生产，最大的区别是文化企业家生产文化商品。文化企业家与文化中介有许多相似之处，但也有差别。两者相似之处为：文化中介是信息传递者、经纪人和人才配置者，他们通过所持有的经济资本来投资，以捕捉市场机会，如从众多艺术人才中进行选拔，并提供机会。文化中介也具有很强的社交能力和谈判技巧，通过密集的自身网络循环渲染影响力。两者的差别为，文化中介把经济利益放在第一位，而文化企业家把艺术利益放在第一位。由此可见，文化企业家可以被理解为三种元素结合的主体。第一，创造新的文化创意产品，需要对当前的文化创意形势有细致的了解。第二，同时追求艺术和经济利益，不断平衡艺术与商业的矛盾，以保证自己对身份和社会轨迹的承诺。第三，他们是"企业家"，因为他们必须找到创新的方法。

综合以上分析，为了更好地区分传统企业家和文化企业家的概念，本书基于小微创意企业实现创意到创新转化价值网的分析框架，从文化企业家所属的组织、根据组织目标产生的职能和特质这三方面对其内涵进行界定，文化企业家存在于所有提供象征性商品和服务的小微创意机构。与其他企业家相比，他们最重要的特质是让艺术与获利结合；他们在推动企业实现创意到创新转化的过程中不断地在艺术与商业的模糊界限中寻找平衡，在创造经济利益的同时履行自身艺术守护者的职能，从而为文化产品和服务的生产者和消费者创造文化和经济价值。

二、能力与胜任力的关系

管理学文献围绕胜任力和能力这两个术语有大量的讨论，它们常常被互换使用。Hunt（1998）认为个人的动机、个性、自我概念、知识或技能等多种因素造成了能力的行为。这样就导致"技能""知识""胜任力"这些术语之间的界限和关系并不明确。随着技能、知识和能力不加区分地使用，与胜任力相关的概念也会产生混乱。许多文献对胜任力、技能、知识、专长等术语的定义不够重视，这种对概念界定的疏忽和术语使用不精确，在很大程度上阻碍了从实际应用和学术研究的清晰性方面发展知识体系。实际上，能力和胜任力两个概念既有联系又有区别。

在能力方面，到目前为止，能力并没有一个公认的、固定的定义，学者分别从组织的核心能力和组织能力，工作和任务导向，行为者的才能，知识、技能和态度这四个维度，使用不同的元素对能力进行了临时定义。作为概念的使用者，本书从以下几个方面对能力术语进行理解：第一，能力是绩效导向的，能力始终与所要求的绩效或预期结果相关，能力是用于实现绩效或完成任务的。也就是说，能力始终反映在工作任务的完成情况上，当有工作需求时，人们用于完成工作任务的才能称之为能力。第二，能力始终伴随着工作描述，工作描述成为能力界定的稳固的立足点。有什么样的工作任务，哪些工作任务必须执行，有什么工作要求，这些是能力研究必须清楚的问题。第三，能力并不是全部可以通过学习获得的，有些能力或多或少是天赋，有些能力可以在一段时间通过学习发展起来。组织其实是根据困难或者不可能发展的能力挑选人员的。第四，本书现在讨论的是与人有关的能力，能力的载体是个人或群体，而不是组织系统。在这些能力类型中，知识可以存储或在实现过程中提取（如电子信息化）。诚然，对能力术语下一个固定定义是无法周全的，笔者更倾向于借鉴 Cheng 等（2003）对能力的定义作为本书的临时定义。

在胜任力方面，国内外学者对胜任力概念的解释没有形成统一的看法，结合前辈的研究尝试给胜任力这样定义：能够将某领域中有卓越才能者与普通者区分开的个人特征，这些特征是可以被确切测量的，能够区分出优秀个体与一般个体，是指个人（或团队或组织）在某一工作或某类活动中表现出来的能够被可靠测量且有效区分优异者与平平者的个性、知识、能力、自我形象或社会角色、态度和价值观等特征的总和。胜任力包含三个维度：第一个是职业维度，指的就是一个人所具备的处理具体的平常任务的能力；第二个是行为维度，指的是一个人处理非具体的非常态任务的能力；第三个是战略综合维度，指的是一个人结合组织情境所具有的管理技能。目前，许多著名跨国企业或者大型的集团公司都建立了符合其公司发展需要的胜任力体系。胜任力研究有三个重要的特质：第一，所有的胜任力研究都必须被情境和社会定义，这是胜任力研究的约束条件，也是与能力研究最大的区别。这种定义特征很大程度上提升了胜任力框架建构和应用的精确度。由此可以看出，能力意味着初步确定，而胜任力代表着更高水平的适用。第二，胜任力之间存在相互关系。比如，管理胜任力和领导胜任力虽然表现为不同的能力，但这些能力之间有相当大的重叠。第三，寻找持久的个人特征，以帮助行为人在工作中取得优秀业绩。这些特征可以是动机、特性、自我形象、社会角色、技能、知识体系的一个方面，它们可以有所不同但必须持久，持久性关乎企业家采取行动的质量。

能力和胜任力两个概念既有联系又有区别。两者的联系是能力的概念、性质及用途为胜任力的发展打下了基础，胜任力体现了能力的本质特征。两者的区别包括：第一，能力一般指职能领域，胜任力一般指行为领域，两者用法不一致。第二，能力是以工作任务为基础的绩效导向，而胜任力是角色的扮演和规范导向。能力是对某一特定活动领域绩效的评估，是对工作任务完成情况的考评。这就必然伴随着对工作任务的描述，虽然工作任务描述为能力界定提供了稳固的立足点，但十分具体化的任务是没有止境的，因此对能力的评估是一个劳动密集和耗时的过程，这在小微创意企业复杂多变的情况下产生了巨大的抑制效应。胜任力是一类可以用来描述个人特征及其行为的东西，可以用员工的基本人格特征、技能、知识和动机来描述，它并不是工作任务，而是使人能够完成工作任务。胜任力是行为人拥有优秀工作绩效所必需的属性，通过特质主导角色扮演和规范，最终使角色完成任务。第三，与能力相比，胜任力最大的特征是情境的约束性。胜任力的三个部分：个体差异、情境定义行为，绩效的社会设计标准完全不同于知识、技能和能力，因为它们不仅是个体属性，还受情境和社会定义的影响（Hayton and McEvoy，2006）。第一方面，随着企业运营从一个阶段发展到另一个阶段，企业家所扮演的角色会随之变化，所面临的问题和需要的技能也会发生变化，一个阶段认为是可取的胜任力在另一个阶段可能是不合适的。研究者必须确定企业家在每一个阶段的胜任力，通过适当的培训、教育和指导，帮助他们随着企业的发展进行角色转变，并获得新技能。第二方面，企业的规模不同，胜任力在质量和数量上也会不同。在这一点上，能力的精确度和复杂性远低于胜任力。因此，鉴于本书特定的企业规模（小微创意企业），选择胜任力作为研究对象可以使结论更加准确。第三方面，胜任力的各个领域是不可分割的整体，这些相互依存的领域都为胜任力的形成作出了重要贡献，任何一个单独的领域都不能形成对胜任力的说明。比如，机会识别、关系、概念、组织、战略共同构成了企业家胜任力，任何单独一项胜任力都不可以被描述为企业家胜任力。但是，能力体系中的每一项单位都可以单独使用。

综上可知，相较于能力而言，胜任力的情境和社会定义属性可以帮助本书把小微创意企业实际运营过程（实现创意到创新转化）作为文化企业家胜任力获得的情境和社会定义，从而在胜任力识别过程中做到不遗漏、不片面。另外，相较于能力的精确度和不可分割性，胜任力更有效地保证了本书基于小微创意企业得出的研究结论的可靠性。

三、文化企业家胜任力

基于对文化企业家与传统企业家职能、价值主体、组织基础和行为活动的价值载体不同的考虑，本书对文化企业家胜任力的研究以全新的小微创意企业实现创意到创新转化为约束条件。针对胜任力划分，本书采用传统企业家胜任力理论作为理论支撑，让文化企业家胜任力囊括创业胜任力和管理胜任力两个方面，以保证研究结论的完整性和准确性。在本书第二章回顾企业家胜任力的相关文献时，学者把企业家胜任力整合为创业胜任力和管理胜任力两个部分。大多数学者一致认同最重要的企业家胜任力是管理胜任力。基于以上对文化企业家和传统企业家的差异分析，笔者认为以创造力为核心的小微创意企业，其所在的行业竞争十分激烈，创业失败率很高，对于文化企业家来说，创业胜任力和管理胜任力同样重要。

首先，文化企业家与传统企业家的差异体现在职能和价值主体上。文化企业家的动机不能只有经济利益，经济利益并不是他们的唯一追求。对于文化企业家来说，从事符合职业理想和身份的活动很重要。文化企业家存在于所有提供象征性商品和服务的小微创意机构，与其他企业家相比，他们最重要的特质是让艺术与获利结合。他们在推动企业实现创意到创新转化的过程中不断地在艺术与商业的模糊界限中寻找平衡，在创造经济利益的同时履行自身艺术守护者的职能，从而为文化产品和服务的生产者和消费者创造文化和经济价值。文化企业家的内涵更接近自我进取的社会学理解，而不仅仅是对劳动力市场理论中的移动工作者定义。自我进取的社会学理解强调文化企业家实现创意到创新转化的双重职能和价值主体。文化创意产品的成功产生可以被视为文化企业家事业项目的基础，他们还需要把新构想开发为文化创意产品，使其具有潜在的交换价值，并推向市场获得回报和奖励。只有实现创意到创新的转化，文化企业家才能行使全部职能。劳动力市场理论中的文化企业家概念界定更加强调创意和经济利益。

其次，文化企业家和传统企业家存在的组织基础和行为活动的价值载体不同。文化企业家以小微创意企业为组织基础，技术、组织创新和创造力使其与客户和公众的关系不依赖于传统的集中生产。小微创意企业以创造力和智力资本为主要输入，通过创意到创新的转化，实现创造力的文化和商业应用，从而创造艺术和经济价值。它在一个高度协作、创造性和网络化的价值网中进行创意到创新转化的循环，该价值网成为文化企业家行为活动的价值载体。传统企业家以传统企业为组织基础，传统企业与客户和公众的关系依赖于传统的集中生产，企业价值活动遵循以市场竞争为导向的市场价值最大化的波特价值链。

第三节　分析框架的提出

笔者希望能够提供一个有用的框架，用于解释文化企业家与传统企业家不同的胜任力，更具体地说是描述一个"关于文化企业家胜任力的框架和视角"。在这项研究中，笔者使用基于小微创意企业实现创意到创新转化的多层次的框架，获得文化企业家胜任力模型的全貌。本书立足价值网视角，借鉴前文叙述的基本理论，将小微创意企业创意到创新的转化活动作为衡量文化企业家行为能力的总体标准，以企业管理创意和创新时产生的价值活动为数据基础，保证了结论与企业实际运营的匹配性，与以往围绕设计、生产、销售、发送和辅助五个环节的理论分析有很大不同。

一、从传统价值链结构到新型价值网结构

价值链是由哈佛大学的迈克尔·波特教授提出的，作为理解和管理企业内部创造客户价值的活动和过程的一种工具，它的一个主要特征是在最终产品的创造、分配和支持方面共同努力，以优化企业的集体绩效。价值链侧重于为企业增加价值的一系列内部活动，它关注企业内部的活动和交易，以确定它们是否增值。增值活动的识别成为确定一个公司是否具有竞争优势的基础。价值链隐含的假设是，活动以特定的线性顺序进行，这样对生产有形产品的公司来说

是合乎逻辑的，如汽车。传统上，管理者会使用价值链来理解单个业务。这种传统的价值链由于是线性的、缓慢的和刚性的，因此只能猜测客户的需求，然后试图用标准化的产品和一般的服务来满足客户需求。材料按顺序向下游移动，交接瓶颈和缓冲库存司空见惯。信息移动不稳定，客户很少参与其中。在这种严格的顺序系统中，速度和性能的提高是可能的。因为它们是由预测需求驱动的，而不是由实际需求驱动的，库存在价值链的每一个环节都有可能增加。

随着数字信息技术的迅速发展，对于市场空间中企业而言，联盟是虚拟的，安排是临时的，竞争对手经常提供补充服务。即使在传统企业中，企业的网络关系也越来越复杂。许多公司开始寻找新的价值分析工具，以重新配置运营模式，增加客户密度和增强对客户的价值主张。价值网全面地描述了竞争系统中存在的横向和纵向关系。这种关系网络为理解新经济中的竞争环境提供了关键。价值网的概念包括竞争系统的所有方面：顾客、供应商、竞争者、同盟者、补充者、中立的公司、监管机构等，这使组织网络能够形成更大的宏观结构，这种结构更具流动性、灵活性和适应性。价值网之所以如此命名，是因为它为所有参与者创造价值，这些参与者在一个协作的、物理和数字连接的网络中运作。在价值网络中，公司之间通常有多种联系，这些联系通常是双向的。价值网把一个竞争系统的所有元素都放在适当的环境中，通过了解企业与系统中其他要素的关系，管理者可以更好地了解企业的活动如何影响系统，以及其他成员将如何应对。价值网有效地解决了企业运营模式与企业价值集群所要求的活动之间不匹配的问题。价值网由真实的客户需求激活，能够快速可靠地响应客户偏好，帮助管理者理解现有价值创造与数字空间价值创造之间的重要匹配关系，是包含所有参与者和信息流的动态网络。

综上可知，过去的波特价值链模型将商品和服务从原材料到消费的流动视为分析单位，提供了企业线性价值分析的视角。尽管价值链在传统制造业中发挥了作用，但当管理者试图理解基于增加智力资产而非实物资产的企业的竞争价值过程时，它便显现出其严重的缺陷。当今的动态和复杂环境要求研究在概念和实践层面对组织间的交流有更高层次的网络观点。新经济的竞争现实要求我们重新分析商业活动的传统方法。旧的线性模型没有考虑联盟、竞争者和补充者的性质。传统上，价值链被战略家用于分析企业及其主要竞争对手之间的绩效差距，并制定和实施计划来弥补差距。这在实体市场上是一个有价值的活动。然而，随着企业越来越多地进入市场，传统的分析工具无法识别真正的价值来源。此外，在这个新领域使用的传统工具由于变化之快，充其量只能提供与竞争对手相当的信息。相比之下，公司可以使用价值网络既分析自己，又分析整个竞争环境。他们可以使用价值网工具来缩小性能差距，并寻找商业环境中的机会。互联网提高了客户对速度、可靠性和便利性的期望，因此价值分析工具的创新变得至关重要。在一个顾客不能容忍借口的世界里，价值网提供了一个成本效益很高的结构来取悦每一个顾客。

二、研究框架

基于以下两个原因，本书把小微创意企业实现创意到创新转化的价值网作为文化企业家胜任力研究的分析框架。第一，小微创意企业方面。小微创意企业的运营模式与传统企业存在根本差异，导致其价值链结构发生了巨大的变化，由传统的线性单项结构演变为网状结构，形成了全新的价值网系统。小微创意企业的运营过程体现为创意到创新转化的网状价值实现，这一经济和管理特性是小微创意企业区别于传统企业的核心之处。小微创意企业的成长能力取决于其能否产生新的创造性想法（创意），并有效地利用它们使企业长期受益（创新），企业必须不断推动创意到创新的转化才能生存和发展。第二，文化企业家方面。文化企业家在推动企业实现创意到创新转化的过程中不断地在艺术与商业的模糊界限中寻找平衡，在创造经济利益的同时履行自身艺术守门人的职能，从而为文化产品和服务的生产者和消费者创造文化和经济价值。如果基于传统线性价值链研究文化企业家胜任力，将会丢失文化企业家区别于传统企业家特有的价值活动，造成结论片面和失真。因为文化企业家输出的价值并非只有单纯功利功能，包括文化和经济双重价值。文化企业家有别于传统企业家的独特价值活动要求，本书必须以创意到创新转化价值网为分析框架。胜任力研究虽然可以从投入（胜任力的前因）、过程（产生胜任力的任务或行为）、结果（职能领域的胜任力标准）方面展开，但为了更好地发挥文化企业家胜任力的长期性、动态性和可控性，本书选择基于创意到创新转化价值网的过程和行为视角的定性研究方法。

综上所述，想要全面研究文化企业家有别于传统企业家的独特的价值活动，必须采用一个特定情境下的分析框架。小微创意企业文化企业家胜任力的研究框架如图 3-2 所示。本书从适应环境变化趋势的角度，采用情境分析法，基于小微创意企业实现创意到创新转化的多层次框架，获得文化企业家胜任力模型的全貌。选择基于小微创意企业实现创意到创新转化价值网的分析框架，可以观察文化企业家在小微创意企业中产生的所有价值行为，从整体上更加全面地观察基于这些价值行为的文化企业家胜任力，从而有效弥补之前研究单纯从某个孤立点对文化企业家能力进行阐释的缺陷，从根本上改变对文化企业家胜任力的理解。此外，该框架不仅将文化企业家胜任力置于既定的环境条件制约下，而且还把直观和理性的信息处理相融合，全面解释了这种与传统企业家不同的胜任力。更具体地说，如果文化企业家希望成功经营，他的胜任力必须表现在一组相互关联的过程中（创意到创新转化的价值网）。因此，笔者把创意到创新转化价值网的三个核心结构单元作为衡量文化企业家行为能力的总体标准，并在此基础上对文化企业家的相关资料进行收集，有效地保证了整个研究在企业实际运营的情境下展开，更好地发挥了文化企业家胜任力的长期性、动态性和可控性。

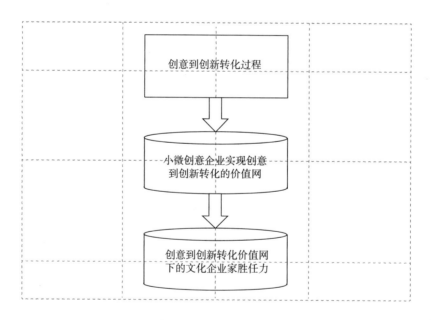

图3-2 小微创意企业中文化企业家胜任力的研究框架

注：虚线部分表示小微创意企业实际运营情境。

第四章 二维法和案例研究设计与质量标准

文化企业家胜任力问题出现在文化创意产业，创意的世界，特别是文化企业家的职业胜任力，是复杂的、非结构化的和低组织的，因此很难分析。鉴于经济绩效和业务增长的强烈需求，我们亟待了解这种在小微创意企业实际运营中产生的胜任力体系。因此，我们必须采取更广泛的视角，而不是仅仅关注企业家行为、胜任力理论的孤立方面。因为与传统企业相比，小微创意企业的组织规模、生产特点、运营模式等存在根本差异。小微创意企业在实现增长的规划过程中，不仅涉及文化企业家对战略的设计、运营管理的规范、明确和审慎地识别市场机会、系统开发正式的商业计划，更重要的是它还涉及文化企业家对文化自治界限的把握，只有在这种有别于传统企业的平衡推动中才能最终实现企业的成功运营。分析文化企业家的胜任力不仅要在一个给定的情境条件制约下进行，而且还要把直观和理性的信息处理相融合。文化企业家胜任力形成于价值活动过程中，笔者希望能够提供一个有用的框架用于解释这种与传统企业家不同的胜任力，更具体地说是描述一个"关于文化企业家胜任力的框架和视角"。如果企业希望成功经营，它必须表现在一组相互关联的过程中（创意到创新转化的价值网）。在本书研究中，笔者选择了情境法、行为事件访谈法和多案例研究法，基于小微创意企业实现创意到创新转化的多层次框架，以获得文化企业家胜任力模型的全貌。

第一节 二维法

常用的胜任力建构方法有行为事件访谈法、绩效法、情境法和多维法。行为事件访谈法采用开放式的行为回顾调查技术，要求被访谈者列出在管理工作中发生的关键事件，最终形成用行为性的专门术语描述的胜任力体系（冯明、尹明鑫，2007）。该方法的研究对象是业绩优异者。绩效法通过分析绩效来确定胜任力。情境法提出先结合企业实际情况了解影响组织、工作的关键过程或趋势，然后针对该过程或趋势建立胜任力域和胜任力。多维法综合运用行为事件访谈法、职能分析法和情境法对胜任力进行识别。以上常用方法都有自身劣势：行为事件访谈法构建的胜任力系统并不能促进未来的高绩效，因为该胜任力系统是静态的和回顾过去的（Ghoshal and Bartlett，1994），并且该方法建立的胜任力系统不能有效地反映企业运营环境的趋势变化（Stuart and Lindsay，1997）。绩效法通过任务绩效来确定胜任力，但是在管理学文献中，学者对胜任力与绩效的关系进行实证研究时发现，胜任力各个维度并不总是与绩效呈正相关，甚至有一些胜任力维度与绩效呈负相关（Upton，1995）。情景法虽然考虑到企业实际运营过程对胜任力的影响，但是对行为活动分析的深度和广度逊色于行为事件访谈法（de Vries et al.，2016）。多维法尽管综合运用了各种方法，但仍不能够确切划分众多胜任力的领域归属，不能准确识别各个胜任力的重合性与差异性，也无法完全证明所有胜任力与企业高绩效的正相关性（Baradaran et al.，2020）。

综上可知，考虑到之前关于文化企业家胜任力的研究脱离了小微创意企业的运营实际，并且采用单一方法提取胜任力要素，在很大程度上影响了胜任力识别的数量和质量，因此本书采用情境法和行为事件访谈法相结合（二维法）的多案例研究方法，把文化企业家胜任力纳入小微创意企业实际运营的情境定义下，运用行为事件访谈法对企业实际运营过程（实现创意到创新转化）中的价值活动进行分析，识别出小微创意企业的实际运营过程（创意到创新转化的价值网），然后基于该过程建立文化企业家胜任力模型。

为了保证所探析的文化企业家胜任力符合企业实际运营情况，并且具备动态性、准确性和全面性，本书采用情境法对小微创意企业运营过程赋予文化企业家胜任力域和胜任力含义与结构。情境法是建立一种基于企业运营活动的可追溯性的体系结构来识别胜任力，该方法基于工作环境建模，旨在通过激活胜任力的工作环境的定性特征来形成胜任力描述。该方法提取的每一个胜任力都取决于其所涉及的工作领域及针对该领域的具体需求。根据学者的观点，通过企业运营情境来描述胜任力的方法应遵循以下步骤：通过代表情境类别的问题，收集有关行为者活动的数据；分析处理特定情境的事件，以及行为者在特定情境下的行为与认知功能；在情境和胜任力之间建立联系；定义所识别的胜任力，并构建胜任力系统（Vidal-Gomel and Samurcay，2002）。本书严格遵循以上程序，通过行为事件访谈法收集小微创意企业运营（创意到创新转化）情境中的数据，分析处理后先识别出特定情境（创意到创新转化价值网），然后建立情境与胜任力之间的联系，并建构胜任力系统（基于创意到创新转化价值网的文化企业家胜任力模型）。在采用行为事件访谈法进行数据收集和分析时，为有效保证研究结论的全面性和准确性，数据涵盖行为者角色用于解释"谁做什么"，行为者角色涉及每个直接参与互动的实体和对最终结果负责的实体。客户角色用于解释"为谁"，客户角色集合了将要接收最终结果的所有实体。高层管理人员角色，用于解释"如何做"，高层管理人员角色涉及每一个调节行为者功能的实体。支持角色用于解释"用什么"，支持角色包括每一个帮助实现最终结果的实体。

第二节　案例研究设计与质量标准

案例研究与定量研究在研究路径和逻辑上有很大区别，案例研究始终秉持中立性逻辑，并不采用先入为主的理论，而是基于外部经验世界的具体数据进行严格分析，从而促进实质行动的理论发展。其对于不能进行控制、正在发生的缺乏理论研究的新现象或实践，以及通过探析"怎么样"和"为什么"来建立的新概念和理论体系有着不可替代的优势。1989年，罗伯特·K.殷系统阐述了案例研究方法，引起学术界高度重视，许多使用案例研究方法的学术论文在SMJ和AMJ等一流管理学期刊上发表（罗伯特·K.殷，2010），国内顶级管理学期刊《管理世界》也连续举办中国企业管理案例与质性研究论坛，以提升国内案例研究水平。

企业家胜任力研究以定量方法为主，定性方法方面的研究相对缺乏。笔者之所以选择案例研究方法进行定性研究，是因为围绕小微创意企业价值网和基于该价值网的文化企业家胜任力的相关理论框架尚未形成，需要通过探析"怎么样"和"为什么"建立新的概念和理论体系，加之研究对象是正在发生的事件并且无法控制，因此在此情景下案例研究方法相较于社会科学领域中的其他研究方法具有明显的优势。案例研究方法在本书中具有重要的地位，下文就三个相关的核心问题进行解释：第一，选择案例研究方法的前提条件与案例研究的步骤。第二，研究设计。第三，案例研究的建构效度、内在效度、外在效度、信度。

一、选择案例研究方法的前提条件与案例研究的步骤

案例研究方法不但可被用于建构理论、提供描述和检测理论，而且社会科学领域中的每种研究方法都可以服务于三种目的——探索、描述、解释。选择研究方法的三个重要依据是研究问题的类型、研究者对研究对象及事件的控制程度和研究重心是发生于目前还是过去的事（罗伯特·K. 殷，2010）。罗伯特·K. 殷总结了五种主要的研究方法（实验、调查、档案研究、历史分析、案例研究），并描述了与这三个重要依据之间的关系。显然，在一些情景中，某一特定的研究方法明显优于其他方法。案例研究方法对以下情景具有明显优势：研究问题的类型是"怎么样"和"为什么"，研究对象是目前正在发生的事件，研究者对于当前正在发生的事件不能进行控制或仅能进行极低程度的控制。案例研究方法的另一个优势是，可以从文件、档案记录、实物证据、访谈、直接观察、参与性观察等更多更广泛的渠道获得资料来源（罗伯特·K. 殷，2010）。本书研究的"小微创意企业实现创意到创新转化的价值网"及"基于创意到创新转化价值网的文化企业家胜任力"都属于缺乏理论研究的新实践，需要探析"怎么样"的问题，研究对象是正在运营的小微创意企业的价值网和企业家胜任力，并且研究者不能控制正在发生的事情，需要通过数据分析建立新的概念和理论体系。因此，笔者选择理论构建型案例研究作为研究方法，该方法要求在对外部经验世界的具体数据进行严格分析的基础上，通过案例内或案例间构念之间关系模式的分析产生理论（凯瑟琳·M. 埃森哈特等，2010）。

Eisenhardt（1989）对使用案例研究方法进行理论建构的具体步骤进行了系统阐述，本书基于 Eisenhardt 提出的研究步骤，按照以下六个操作程序进行研究：第一，对于之前确定的研究方向，经过文献和资料分析提出研究问题，明确研究目标。第二，围绕研究问题进一步梳理和分析文献，从而选择研究工具，提出理论视角，确定研究设计。第三，资料收集前的准备，即就保护被研究者、如何围绕研究问题收集资料、如何进行案例研究接受培训。第四，严格遵循资料收集原则，从访谈、实地观察（直接观察、参与性观察）、二手数据

（文件、档案记录、年度总结、新闻、行业专家分析报告、文献成果）等多种证据来源收集数据资料，形成证据三角形验证和证据链。第五，基于案例描述的总体分析策略，采用建构性解释分析技术对证据资料进行分析、编码和构念组合，并对案例本身进行陈述。第六，对构念之间的关系进行分析，推导理论模式并阐述研究结论。

二、研究设计

研究设计是一种进行论证的逻辑模式，它能使研究者对研究中各变量之间的因果关系进行推论（Nachmias and Nachmias，1992）。就其最本质的意义来说，研究设计是用实证资料把需要研究的问题和最终结论连接起来的逻辑顺序。它不同于工作计划，是避免出现证据与要研究的问题无关的情况，它处理的是逻辑问题，而不是后勤保障问题。研究设计包含五个要素：要研究的问题、理论假设（如果有的话）、分析单位、连接资料与假设的逻辑、解释研究结果的标准（罗伯特·K.殷，2010）。本书的研究设计如下：

研究的问题。小微创意企业实现创意到创新转化的价值网模型及基于该价值网的文化企业家胜任力模型是本书的研究问题。

理论假设。本书所研究的问题属于探索性问题，需要通过研究建立新的概念和理论体系，因此无法在事前提出理论假设。但是，笔者提出了具体的研究目的及判定研究是否成功的标准，用于保证最终的研究成功。本书有两个研究目的：第一，弥补 Porter 提出的传统价值链理论在小微创意企业中的不适用性。小微创意企业与传统企业有很多不同，传统价值链理论强调供方利润、竞争和依次推进的线性过程，很难全面、合理地解释小微创意企业中价值共创、企业间合作、超越企业层面而转移到网络层面的价值创造过程。另外，过往理论没有在小微创意企业实际的运营模式（实现创意到创新的转化）基础上提出，错过了重要的价值要素，并且过于简单地描述了这些要素和价值行为之间的关系。以上问题引发笔者探究新的理论，这次重新探析的理论被称为"小微创意企业创意到创新转化的价值网"理论。第二，填补基于实现创意到创新转化价值网这个社会和情境定义下的文化企业家胜任力研究的缺失。文化企业家虽然具有企业家的属性，但也有不同之处。因此，尽管围绕企业家胜任力已经有相当丰富的研究成果，但并不能简单地把企业家胜任力看作文化企业家胜任力。文化企业家胜任力以小微创意企业的实际运营为自身独特的情景和社会定义，相关研究必须基于实现创意到创新转化这个实际运营模式，以便真实和准确地描述和理解文化企业家在职业和商业环境中的运作和表现。遗憾的是，之前少有基于此的文化企业家胜任力分析，因此本书以小微创意企业实现创意到创新转化价值网作为情境和社会定义，对理论进行重新探析，这次重新探析的理论被称为"创意到创新转化价值网下的文化企业家胜任力模型"理论。本书以下面两点作为判定研究是否成功的标准：①理论构建型案例研究具有严格的规范性要求，包括案例选择标准、背景说明、团队研究、证据的三角验证、案例研究数据库、构念定义、理论模式等（苏敬勤和张琳琳，2015）。②研究设计以建构效度、内在效度、外在效度、信度为质量的判定标准（罗伯特·K. 殷，2010）。本书严格遵循这些原则进行操作，具体情况在之后的描述中有详细介绍。

分析单位。在分别对两个研究问题进行分析单位界定之前，笔者先对研究个案进行总体界定。本书选择文化创意和设计服务类的六家连续三年盈利的绩优小微创意企业作为研究个案，表4-1为案例样本的描述性信息。选择连续三年盈利的绩优小微创意企业和企业家作为研究对象主要是出于胜任力可以识别优于一般管理绩效特征的考虑，研究者们普遍认为胜任力理论是建立在对成功领导者的研究基础上的，理论将他们的行为、态度和技能分解成可测量的指标并构建模型，通过这种方式来帮助创造卓越绩效的人。选择该行业背景主要基于两个原因：一是文化创意和设计服务是文化产业中发展创新型经济、促进经济结构调整和转变发展方式的关键环节，它容易和其他产业广泛联系并发生作用，能够创造巨大价值（董德刚，2014）。二是该行业的小微创意企业亟待通过把握管理方向和提高竞争优势来实现产业增值。案例企业选择的标准是：①为了既保证行业一致性，又不缺乏样本代表性，选择文化创意和设计服务类产业的六个不同细分领域的典型优异绩效企业（连续盈利三年以上）。由于创意企业的组织模式特征是以小、微型企业为主，因此本书选取占文化企业总数98.5%以上的小微创意企业作为研究对象。②选择四川省企业作为研究对象，保证了代表性，同时也降低了技术、制度、市场等外部环境的影响。四川作为西部地区经济总量最大、产业门类最全、辐射市场最广的省份之一，是国家丝绸之路经济带的重要支撑城市，承担重要的文化交流与互促任务。四川省在"十三五"时期力争成为在全国具有重要影响力的文化建设示范区域，建成与西部经济发展高地相适应的文化强省。③在选择案例企业时，要考虑到创意到创新转化时价值行为及其关系的多样化，兼顾不同程度的企业，从而达到多重验证效果。④为了保证案例研究信息的可信度和充裕度，笔者在选择案例企业时充分考虑了信息的可获得性和企业的代表性。之所以选择六家企业进行多案例研究是因为这样可以使研究结论更加扎实和更具说服力。Eisenhardt（1989）指出多案例研究的最合适案例数量为4~8个，罗伯特·K.殷（2010）认为合适的数量为6~10个。因此，根据研究问题和所涉及的理论领域，本书选择六家企业作为研究案例。多案例研究方法的优势在于可以逐项复制，也就是分别从每个案例中得出结论并相互印证，这样比仅从一个案例中得出结论更具有说服力。另外，多个案例的背景环境存在一定差异，如果在不同环境中仍然得出相同的结论，那么在很大程度上就提升了研究结果的可推广性、适用性。分析单位的界定对于案例研究来说是根本性问题，关乎案例研究是否能够被更广泛的科学情境理解，本书对两个研究问题进行了分析单位的界定，关于价值网研究问题的分析单位是小微创意企业实现创意到创新转化过程中的价值活动，关于文化企业家胜任力研究问题的分析单位是基于该价值网进行行为活动的文化企业家。研究对象都是以企业完成一个创意到创新转化过程为时间界限。

表4-1　案例企业简介

	广告公司（A）	数字文化传媒公司（B）	软件开发公司（C）	数字艺术公司（D）	装饰设计公司（E）	风景园林工程专项设计公司（F）
企业绩效	绩优：最初投资25万元，员工人数2人，目前年利润50万元	绩优：最初投资70万元，员工人数10人，目前年利润110万	绩优：最初投资10万元，员工人数1人，目前年利润50万元	绩优：最初投资12万元，员工人数2人，目前年利润70万元	绩优：最初投资50万元，员工人数7人，目前年利润80万元	绩优：最初投资18万元，员工人数5人，目前年利润95万元
成立时间	2009年11月	2015年2月	2008年3月	2013年2月	2013年6月	2004年2月
员工总数	20人	50人	29人	35人	28人	30人
主营业务	设计、制作、发布各类广告	数字内容服务	网络设计	动漫游戏设计及软件开发	室内外装饰设计、工业设计	建筑设计、环境艺术设计

资料来源：本书整理所得。

连接资料与假设的逻辑。这里涉及分析工具、分析策略和分析技术。本书选择软件 ATLAS. ti 7 作为案例研究工具,对大量陈述性文本进行编码和归类。但是,创造编码的是自己,并不是软件。软件只是输出了分析结果,并不代表完成了资料分析,要想充分地、全面地回答"怎么样"的问题,还需要在软件分析结果的基础上进一步思考。由此可见,一个总体的分析策略十分重要。笔者在依据理论观点、进行案例描述、整合质性资料和量化资料、检验与之相反的竞争性解释四种总体分析策略中选择了案例描述策略,为案例研究开发了一个描述性框架(罗伯特·K. 殷,2010)。本书的描述性框架是小微创意企业实际运营下的创意到创新转化。由于本书属于探索性案例研究,需要通过分析归纳建立新的理论体系,因此研究之初并没有选定一系列命题,而是通过描述性策略梳理复杂的聚类关系和寻找多元性的理论建构依据。基于案例描述的总体分析策略,本书在五种分析技术中挑选了建构性解释分析技术来处理数据资料。具体的分析技术实际上就是总体策略的实际体现,和总体策略在分析中一起被运用(罗伯特·K. 殷,2010)。逐步的建构和解释过程类似于提炼一组观点的过程,本书具体的操作程序:提出原创性的命题——小微创意企业实现创意到创新转化的价值网研究和基于该价值网下的文化企业家胜任力研究;通过整理数据资料确定分析线索和暂定类别,之后进行编码和聚类分析;将案例研究的结果与上述命题进行匹配;修正和补充该命题;再将案例的其他细节与修改后的内容进行匹配;将修改后的命题与每个案例中的事实相匹配;把案例企业分为两组分别独立进行编码分析,使用信度可靠性指数(Perreault and Leigh,1989)对结果进行对比和相互验证,检验结果显示编码一致性系数符合检验要求,保证了最终建构的理论与实际案例分析相符。

解释研究结果的标准。为了确保编码的科学性和有效性,本书使用信度可靠性指数(Perreault and Leigh,1989)对逐项复制的结果进行对比和相互验证,检验结果显示编码一致性系数符合检验要求。最终形成小微创意企业实现创意到创新转化价值网模型和创意到创新转化价值网下的文化企业家胜任力模型的构念网络图和对应的编码表。

三、案例研究的建构效度、内在效度、外在效度、信度

在评定实证性社会研究的质量时,常常用到可靠性、可信度、可确定性、资料可靠性四种检验方法(U. S. Government Accountability Office,1990)。案例研究属于实证性社会研究的一种，因此这四种检验方法也适用于案例研究。基于此，Yin 提出了对案例研究进行这四种检验时所采取的策略。表4-2 列出了这四种常用的检验方法、每类检验可以采取的策略及其所处的研究阶段（COSMOS Corporation，1983）。Kidder 和 Judd（1986）对相关概念进行了详细阐述：建构效度是指对所要研究的概念形成一套正确的、具有可操作性的且成体系的研究指标；内在效度不能用于描述性、探索性案例研究，它是指从各种纷乱的假象中找出因果联系；外在效度是指建立一个范畴，把研究结果归纳于该类项下；信度表明案例研究的每一步骤都具有可重复性，如果重复这一研究，就能得到相同的结果。表4-2 对本书建构效度、内在效度、外在效度和信度四种检验进行了详细介绍。

表4-2　适用于四种检验的各种研究策略

检验结果	案例研究策略	策略所发生的阶段
建构效度	● 采用多元的证据来源	资料收集
	● 形成证据链	资料收集
	● 要求证据的主要提供者对案例研究报告草案进行检查、核实	撰写报告
内在效度	● 进行模式匹配	证据分析
	● 尝试进行某种解释	证据分析
	● 分析与之相对立的竞争性解释	证据分析
	● 使用逻辑模型	证据分析
外在效度	● 用理论指导单案例研究	研究设计
	● 通过重复、复制的方法进行多案例研究	研究设计
信度	● 采用案例研究草案	资料收集
	● 建立案例研究资料库	资料收集

资料来源：COSMOS 公司。

（1）建构效度。本书在资料收集阶段采用了多种证据来源，如表4-3 所示，包括现场对文化企业家及其他利益相关者的半结构式访谈、进入公司进行实地观察（直接观察和参与性观察：笔者跟随企业家参与企业运营过程的观察）、收集企业内部资料（文件、档案记录、年度总结、新闻）、行业专家分析报告、文献成果等二手资料，并对这些证据进行相互交叉印证。值得一提的是，笔者争取到的参与性观察的机会使笔者能够以局内人而不是局外人的视角进行观察，从而可以深入事情的细节和文化企业家群体内部，这一点对准确描述调查对象具有很重要的意义。通过参与性观察，有机会请到研究中的一些人帮忙检查和核实研究报告，其他的证据收集方式，如二手资料的收集很难做到这点。这些多来源的数据资料对同一研究问题进行了多重证明并相互印证，形成了本书的证据三角形，如图4-1所示。数据资料与研究问题具有明显的相关性，并且能够有效地证明研究问题和实现相互印证，最终形成证据链，通过证据链可以实现从结论反推出最初的问题或从问题推出结论的双向推导。

表 4-3 案例企业数据来源

案例企业	访谈者				数据源概述（来源及内容占比）		
	职务	年龄（岁）	性别	学历	访谈时长（文字和录音，占比60%）	实地观察（直接观察、参与性观察，占比20%）	二手数据（文件、档案记录、年度总结、新闻、行业分析报告、文献成果，占比20%）
A 广告公司	总经理	33	男	本	3时14分	直接观察12天，参与性观察5天	公司网站信息、官方报告、行业分析报告、文献成果、年度总结、项目会议记录，以及工作人员分享的项目进展现场笔记
	设计总监	31	男	本	54分	直接观察5天，参与项目会议3天	
	办公室主任	36	女	硕	1时15分	直接观察5天，参与性观察3天	
	合作企业总经理	28	女	本	56分	直接观察3天，参与性观察2天	
	客户企业总经理	41	男	本	58分	直接观察2天，参与性观察1天	
B 数字文化传媒公司	总经理	32	女	本	3时12分	直接观察12天，参与性观察5天	企业官网信息、品牌体验描述、外部新闻和博客、年度总结、项目会议记录，以及工作人员分享的项目进展现场笔记
	运营总监	35	男	本	52分	直接观察5天，公司品牌活动现场观察2天	
	行政人力总监	29	女	本	50分	直接观察5天，参与性观察2天	

续表

案例企业	访谈者				数据源概述（来源及内容占比）		
	职务	年龄（岁）	性别	学历	访谈时长（文字和录音，占比60%）	实地观察（直接观察、参与性观察，占比20%）	二手数据（文件、档案记录、年度总结、新闻、行业分析报告、文献成果，占比20%）
B数字文化传媒公司	合作企业总经理	32	男	本	1时12分	直接观察5天，参与性观察2天	企业官网信息、品牌体验描述、外部新闻和博客、年度总结、项目会议记录，以及工作人员分享的项目进展现场笔记
	行业分析专家	42	男	硕	53分	直接观察2天	
	客户	32	女	硕	57分	直接观察3天，参与性观察1天	
C软件开发公司	总经理	35	男	硕	3时10分	直接观察12天，参与性观察5天	公司网站信息、行业期刊文章、社交媒体的帖子、年度总结、项目会议记录、行业分析报告
	技术总监	32	男	硕	55分	直接观察5天，参与性观察3天	
	行政人力总监	28	女	本	57分	直接观察5天，参与性观察3天	
	合作企业总经理	32	男	硕	54分	直接观察3天，参与性观察2天	
	客户企业总经理	28	男	硕	1时12分	直接观察2天，参与性观察1天	
D数字艺术公司	总经理	37	女	本	2时54分	直接观察12天，参与性观察5天	公司官网信息、社交媒体帖子、设计师名册、官方报告、行业分析报告、文献成果、年度总结、项目会议记录，以及工作人员分享的项目进展现场笔记
	运营总监	36	男	本	50分	直接观察5天，参与项目现场观察3天	
	办公室主任	35	女	本	1时07分	直接观察5天，参与性观察3天	
	合作企业总经理	40	男	本	57分	直接观察3天，参与性观察2天	
	行业分析专家	45	男	博	52分	直接观察2天	
	客户企业总经理	35	男	硕	55分	直接观察2天，参与性观察1天	

案例企业	访谈者				数据源概述（来源及内容占比）		
	职务	年龄（岁）	性别	学历	访谈时长（文字和录音，占比60%）	实地观察（直接观察、参与性观察，占比20%）	二手数据（文件、档案记录、年度总结、新闻、行业分析报告、文献成果，占比20%）
E装饰设计公司	总经理	35	女	本	3时15分	直接观察12天，参与性观察5天	公司官网信息、公司内部文件资料、行业分析报告、文献成果、年度总结、项目会议记录，以及工作人员分享的项目进展现场笔记
	运营总监	37	男	本	53分	直接观察5天，参与性观察3天	
	设计总监	30	男	本	52分	直接观察5天，参与性观察3天	
	合作企业总经理	45	男	本	1时05分	直接观察3天，参与性观察1天	
	客户	36	女	本	1时	直接观察2天，参与性观察1天	
F风景园林工程专项设计公司	总经理	35	男	本	2时50分	直接观察11天，参与性观察5天	公司官网信息、内部会议资料、媒体文章、行业分析报告、文献成果、年度总结、项目会议记录，以及工作人员分享的项目进展现场笔记
	项目总监	38	男	本	1时12分	直接观察7天，参与项目现场观察3天	
	办公室主任	43	男	本	1时10分	直接观察7天，参与性观察3天	
	合作企业总经理	38	男	本	52分	直接观察5天，参与性观察2天	
	客户企业总经理	43	男	本	57分	直接观察3天，参与性观察2天	

资料来源：本书整理所得。

（2）内在效度。罗伯特·K. 殷（2010）指出，内在效度仅与因果性案例研究相关，本书属于探索性案例研究，虽然对内在效度的讨论不是重点，但笔者还是通过描述性总体分析策略和建构性解释分析技术来保证了研究的内在效度。本书以小微创意企业实现创意到创新转化为描述性框架，梳理复杂的聚类关系和寻找多元性的理论建构依据后，提出小微创意企业实现创意到创新转化的价值网研究和该价值网下的文化企业家胜任力研究命题，在逐步深入的研究过程中，不断审视命题与经验数据是否符合，修正和补充该命题，直到两者完全匹配。

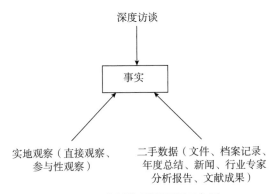

深度访谈

事实

实地观察（直接观察、
参与性观察）

二手数据（文件、档案记录、
年度总结、新闻、行业专家
分析报告、文献成果）

图 4-1　案例资料的证据三角形

（3）外在效度。本书使用多案例研究方法，通过重复、复制的方法得出具有归纳性的和推广性的结论。笔者严格遵从复制法则，把广告公司、数字文化传媒公司、软件开发公司、数字艺术公司、装饰设计公司、风景园林工程专项设计公司六个案例企业平均分为两组，以每一组为单位独立进行两次编码和构念组合，使用信度可靠性指数对两套结果进行对比和相互验证，检验结果显示编码一致性系数符合检验要求。

（4）信度。为了保证案例研究的信度，笔者尽可能详细地记录了研究步骤，并使用软件 ATLAS. ti 7 建立研究数据库，以保证检验者能够根据研究记录和数据库得出同样的结论，如图 4-2、图 4-3 所示。

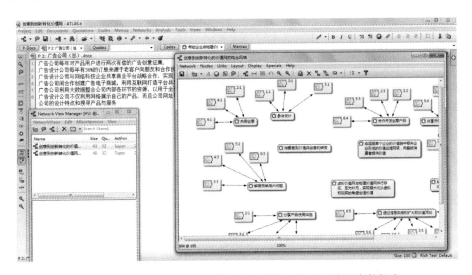

图 4-2　文化创意企业实现创意到创新转化价值网的研究数据库

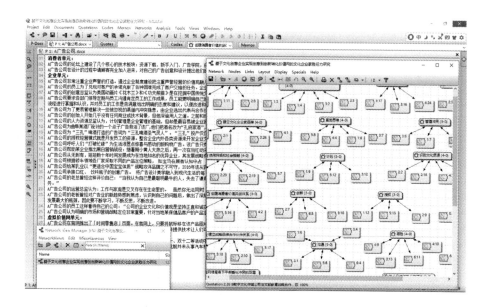

图 4-3　创意到创新转化价值网下的文化企业家胜任力的研究数据库

第五章 小微创意企业实现创意到创新转化价值网的分析

第一节 研究目的与文献回顾

1985 年，Porter 在 *Competitive Advantage：Creating and Sustaining Superior Performance* 中首次提出了价值链理论（Porter，1998）。他对企业不连贯的行为状态提出疑问，认为价值链理论可以作为审视企业所有行为及其相互关系的系统方法和判定企业竞争优势的基本工具，能够帮助管理者衡量自己企业在竞争中的位置，并采取明确的、有条理的步骤改进提高企业。Porter（1998）认为企业的价值创造由设计、生产、销售、发送和辅助其产品等一系列活动构成，这些活动可以分为基本活动和支持性活动两大类。这些并不相同但相互联系的生产经营活动，构成了价值创造的动态过程，即价值链。各个环节依次推进是传统价值链的特征（Brecknock，2006）。然而，这种传统的价值链理论很难全面、合理地解释小微创意企业的价值创造过程：①波特价值链理论强调供方利润，很大程度上忽视了买方的价值共创角色。②该理论更加强调竞争的作用，忽视了企业间协调或合用价值链的合作关系所带来的最优化效益。③依次推进的线性过程很难合理解释小微创意企业在整个价值创造过程中超越企业层面而转移到网络层面的价值行为。另外，过往理论忽视了小微创意企业的根本运营模式，没有在创意产品的成功开发和市场化（创意到创新的转化）的基础上提出，由此错过了重要的价值要素，而且过于简单地看待了这些要素和价值行为之间的关系。由于先前研究缺少对以上现象的充分研究与认识，提高了小微创意企业变更现有价值链理论的意识，因此引发了笔者探究新的理论。这次重新进行探析的理论，被称为实现创意到创新转化的价值网理论。笔者以小微创意企业管理创意和创新时产生的价值活动为基础，利用多案例研究方法，归纳分析出各个价值环节及其相互关系，并最终建构模型，发现了三个全新的结构单元，与以往的理论分析有很大不同。

以往研究分别从产业和企业两个层面对实现创意到创新转化的价值链进行探讨。产业层面的探讨涉及价值链与文化创意产业的管理认知（Hadida and Paris，2014；Gatrell et al.，2009；Melichova et al.，2014；Hearn et al.，2014），价值链组织网络构成与文化创意产业的发展（Benghozi and Salvador，2016；Broekhuizena et al.，2013；Abadie et al.，2010；Teipen，2008；Mol et al.，2005）。企业层面的探讨涉及小微创意企业价值创造与价值链的运用（Lange，2013；Johns，2006；Parry et al.，2012），价值链基础上的小微创意企业与相关利益者（Gouillart，2014；Richards，2011）。

第二节　理论基础

一、价值网理论

Slywotzky 和 Morrison（2002）最早在 *The profit zone* 中提出企业价值网概念，认为企业价值网是指企业将使价值发生增值的生产和经营环节进行整合，形成一套系统和有机的企业价值系统。Kothandaraman 和 Wilson（2001）把卓越的客户价值、核心能力和关系作为"价值创造网络模型"价值创造的三个核心概念，并详细描述了三个核心概念之间的相互关系和交互模式。模式的出发点是价值网的目标，即创造卓越的顾客价值，顾客想要的最终价值决定了成员企业核心能力的性质，而成员企业核心能力又共同创造了顾客价值。价值网中的企业联合创造价值的方式受到公司之间关系本质的影响。因此，关系的质量有利于价值创造。网络中的公司意识到自己对网络的价值仅仅只是带来某一方面的核心能力，因此他们需要与具有不同能力的公司发展关系。由此形成了价值网三个核心概念的交互路径。价值是顾客根据目标公司的竞争对手提供的市场供应品和价格来权衡目标公司市场供应品和价格的关系。对于感知价值的顾客，需要在价格和可用的市场供应品之间作出选择，因此必须考虑应遵循的原则。Anderson 等已将价值定义为客户在考虑供应商提供的产品和价格的基础上，为交换产品所支付的价格，该价格以货币为单位，是客户从收到的经济、技术、服务和社会权益中获得的价值（Anderson et al.，1993）。在市场中分配更高价值的公司会在竞争消费者的战斗中取得成功。核心能力是提供卓越性能的属性，技能如果要成为核心能力就必须显著增加市场提供的价值，帮助企业跨越多个市场，在较高的水平上执行技术和业务流程，使其他企业很难模仿。创造价值的要求使企业需要的核心能力远远超过了企业本身所具有的能力，为了应对这一问题，企业需要将一个网络中的公司聚到一起建立强大的关系，以建立提供市场供应（这种市场供应主要是为消费者提供高的价值）所必需的核心能力。

二、小微创意企业的运营与发展

为了增加顾客密度和更多的价值创造，小微创意企业选择结成伙伴关系来接近、获取和创造知识。有了价值网络的概念，他们不再关注公司或行业，而是关注价值创造系统本身。在这个系统中，不同的网络参与者（小微创意企业、供应商、合作伙伴、盟友、客户）一起工作，共同创造客户价值，价值网逐步替代传统价值链成为价值配置分析的新工具。参与者通过将他们的专业知识或核心能力转化为对网络中其他参与者有价值的有形和无形的可交付成果来加入价值网络，由此形成了小微创意企业运营与发展的模式——创意到创新转化的价值网。

在本书中，创意和创新被看作小微创意企业运营中的两个连续而又循环的阶段，创意是想法的产生，创新是把创意付诸行动，把创意转化为商业价值和其他价值的过程，即新思想的产生阶段和新思想的实现及成功市场化阶段。创意如果没有创新过程创造的市场，最终将无法被消费者知晓（刘凌艳和杨永忠，2017）。两个阶段共同组成了小微创意企业的运营模式。创意到创新的转化并不是简单、线性的顺序结构。小微创意企业常常与多样性和广泛的包容性联系在一起，而且输出的价值是出于审美而非单纯功利功能，充分体现了文化和经济的模糊，这导致创意与创新必须在相互关联的网络链中运作，依赖捕捉和操纵消费者敏感度的商品在价值网的关键环节获得竞争优势。小微创意企业的成长能力取决于其能否产生新的创造性想法（创意），并能有效地利用它们使企业长期受益（创新）。创意到创新的转化包括五个环节：创意—开发—生产—营销—消费者，后四个环节属于创新（创意产品的成功开发和市场化）。

第三节　数据资料处理及结果

一、研究设计与方法

本章的研究设计包括五个要素：①研究的问题：小微创意企业实现创意到创新转化的价值网模型。②理论假设：本书所研究的问题属于探索性问题，需要通过研究建立新的概念和理论体系，因此无法在事前提出理论假设。但是，笔者提出了具体的研究目的及判定研究是否成功的标准，用于保证最终的研究成功。本章的研究目的是弥补 Porter 提出的传统价值链理论在小微创意企业中的不适用性。③分析单位的界定。本章的分析单位是小微创意企业实现创意到创新转化过程中的价值活动，研究对象以企业完成一个创意到创新转化过程为时间界限。④连接资料与假设的逻辑：这里涉及分析工具、分析策略和分析技术。本书选择软件 ATLAS. ti 7 作为案例研究工具，对大量陈述性文本进行编码和归类。案例研究使用案例描述性总体分析策略和建构性解释分析技术。⑤解释研究结果的标准：本章使用信度可靠性指数检验研究结果。

本章采用探索性案例研究方法进行理论建构，与此相对应，研究设计的类型属于"自然调查"形式，通过归纳逻辑形成对事物的理解（Lincoln and Guba，1985）。本章选择多案例研究方法进行理论建构，基于以下三个原因：第一，传统价值链理论已经不能合理解释小微创意企业在实现创意到创新转化过程中的价值行为及其关系。第二，案例研究能够从现象中寻找启示，回答"怎么样"的问题，有利于清楚地描述创意到创新转化的价值网理论。第三，多案例研究通过反复验证增强研究的有效性。

二、数据收集与效度和信度

本书案例研究质量的判定标准是建构效度、内在效度、外在效度和信度。①建构效度：使用多来源数据进行三角验证（Miles and Huberman，1994）。多来源数据包括对小微创意企业管理层、行业专家、企业利益相关方（包括其他产业企业）进行半结构式访谈和实地观察（直接观察和参与性观察）收集的一手资料和通过文献、企业内外部资料、行业专家分析报告整理收集的二手资料。为了避免因"印象管理和回溯性释义"带来的偏差（Eisenhardt and Graebner，2007），本书仅将访谈作为一部分数据来源。这些多来源的数据资料形成证据链，可以实现从结论反推出最初的问题或从问题推出结论的双向推导。②内在效度：本章通过描述性总体分析策略和建构性解释分析技术来保证研究的内在效度。笔者以小微创意企业实现创意到创新转化为描述性框架，梳理复杂的聚类关系和寻找多元性的理论建构依据后，提出小微创意企业实现创意到创新转化的价值网的研究命题，不断审视命题与经验数据是否符合，修正和补充该命题，直到两者完全匹配。③外在效度：本章使用多案例研究方法，严格遵从复制法则，把六家案例企业平均分为两组，以每一组为单位重复进行两次编码和构念组合，使用信度可靠性指数（Perreault and Leigh，1989）对两套结果进行对比和相互验证，检验结果显示编码一致性系数达到 0.8294，符合检验要求。逐项复制结果如图 5-1 和图 5-2 所示。④信度：笔者尽可能详细地记录研究步骤，并使用软件 ATLAS. ti 7 建立研究数据库。

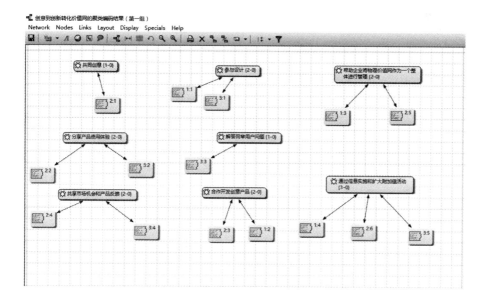

图 5-1　第一组研究对象的聚类编码结果

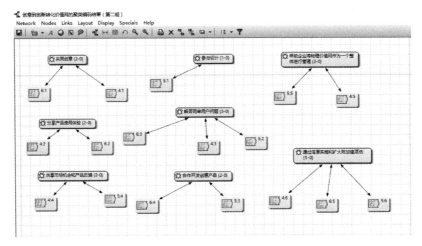

图5-2　第二组研究对象的聚类编码结果

三、数据编码结果

本章分别对第一组和第二组进行了独立的案例分析，得出了两组相同的数据编码结果，为避免重复分析、描述造成冗余，笔者对结果进行统一阐释。

在软件中建立创意到创新转化的价值网理论的总体阐述单位，通过分类整理形成总体阐述单位下的初始文件。初始研究数据库建成后，对每个 PDs 进行详细分析，识别有意义的论据片段，并将论据按逻辑关系进行聚类。聚类编码结果如图5-3所示。在聚类编码的基础上，使用软件提供的网络视图功能形成阶段性的构念网络图，以检视当前形成的构念体系。反复检视后最终形成创意到创新转化价值网模型的构念网络图和对应的编码表，如图5-4和表5-1所示。

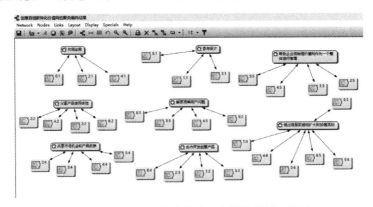

图5-3　创意到创新转化价值网的聚类编码结果

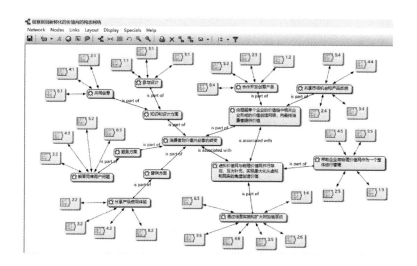

图5-4 创意到创新转化价值网的构念网络

注：该图由笔者在编码基础上使用 ATLAS. ti 7 进行构念组合后得出。

表5-1 ATLAS. ti 质化数据编码举例

编码名称（Codes）	论据（Quotations）
共同创意	6：1装饰设计公司通过以"互动设计"为主题的活动，收集客户的设计创意并进行剖析和发散，最终形成受市场欢迎的设计理念和方案（1：1）
参与设计	3：1软件开发公司邀请用户在线试用新产品，根据用户的行为反馈随时对产品设计进行改进（1：1）
分享产品使用体验	2：2广告设计公司每年有36%的订单来源于老客户向朋友和合作伙伴的推荐（2：2）
解答同辈用户问题	5：2数字文化传媒公司建立了作品论坛，其中包括影视作品、音像制品、图书、资源下载等板块（2：2）
合作开发创意产品	1：2风景园林工程专项设计公司和国际景观规划与设计公司形成战略联盟，开展城市环境规划与景观设计等合作（2：2）
共享市场机会和产品反馈	3：4软件开发企业共建衍生品销售体验中心，实现市场推广（4：4）
帮助企业将物理价值网作为一个整体进行管理	4：5数字艺术公司的信息管理系统使管理者能够协调、监测和实时控制业务运营（5：5）
通过信息实施和扩大附加值活动	5：6数字文化传媒企业通过网站推送数字音频和视频样品，同时预告新作品（6：6）

资料来源：本书整理所得。

第四节　案例分析与主要发现

笔者在价值网理论的基础上，对原始编码进行构念组合。从整个构念网络图看，"消费者到价值共创者的转变""由超越单个企业的价值链中相关企业形成的价值创造网络，向最终消费者提供价值""数字化与互联网形成的虚拟价值网与现实世界的物理价值网并行存在、互为补充"三个编码不仅与其他编码之间存在逻辑包含关系，而且彼此间紧密联系，因此成为小微创意企业实现创意到创新转化价值网模型的核心构念单元。

一、消费者到价值共创者的转变

小微创意企业在实现创意到创新转化时的价值创造方式发生了巨大变化。企业已经不是唯一的价值创造者，客户也不再是纯粹的价值消耗者，而是以价值共创者的身份出现。他们通过在产品、服务设计、生产和消费过程中与作为生产者的企业进行互动来影响价值创造（Sheth et al. , 2000）。小微创意企业的价值创造系统已经演化为一种开放系统，生产和消费过程不再彼此独立，企业与客户在合作、互动中共同创造价值。这种共创价值的产生一方面来源于个体知识的贡献，另一方面依赖于个体间或者个体与企业间有意的互动交流（Prahalad and Ramaswamy，2003）。该编码主要有以下三个要素：

第一，在知识和设计方面，消费者与企业合作产生产品创新构思。小微创意企业以创建虚拟社区平台等方式收集、整理顾客对产品开发的建议和点子，把最好的创意用于产品的开发（Code：共同创意。Quotations：6：1 装饰设计公司通过以"互动设计"为主题的活动，收集客户的设计创意并进行剖析和发散，最终形成受市场欢迎的设计理念和方案；2：1 广告公司每年对产品用户进行两次有偿的广告创意征集；4：1 数字艺术公司邀请职业玩家参与游戏产品的创意与策划）。消费者参与产品的新特性测试，给予反馈，帮助企业改进和提升。企业会通过邀请用户进行在线测试等方式，根据用户的反馈随时进行设计调整，实现快速而灵活的设计改进（Code：参与设计。Quotations：3：1 软件开发公司邀请用户在线试用新产品，根据用户的行为反馈随时对产品设计进行改进；5：1 数字文化传媒公司设立微信互动平台与消费者深入交流，通过分析消费者的需求和建议进行市场细分和产品规划；1：1风景园林工程专项设计公司通过官网收集用户设计建议，从而优化自身设计方案）。

第二，在营销方面，消费者向更多友人分享产品的使用体验（Code：分享产品使用体验。Quotations：2：2广告设计公司每年有36%的订单来源于老客户向朋友和合作伙伴的推荐；4：2数字艺术公司开发新游戏后先由网络上活跃的小部分玩家试玩，如果第一批用户喜欢，他们会纷纷在社交网站上传播，从而实现市场推广；3：2软件开发公司开发一款外卖App，采用优惠和补贴策略让小部分白领用户使用，利用良好的口碑瞬间在写字楼中扩散传播；6：2装饰设计公司通过3D设计软件和VR应用，邀请消费者免费参与"所见即所得"的消费体验，将体验感想发送朋友圈的消费者可以获得会员积分换取赠品。体验信息中包含独一无二的优惠二维码，方便朋友点击使用，从而吸引大批新客户）。

第三，在服务方面，消费者主动解答同辈用户的问题（Code：解答同辈用户问题。Quotations：5：2数字文化传媒公司建立了作品论坛，其中包括影视作品、音像制品、图书、资源下载等板块，用户在论坛中提问、解答、建议或吐槽；3：3用户在软件开发公司建立的用户平台上进行各种技术交流；4：3许多玩家自发地在数字艺术公司的用户平台上写游戏攻略和进行问答互动，目前已经收录60多万个游戏问答；6：3用户在装饰设计公司的官网上阅读数字视频杂志，动态地了解产品和服务，并就相关问题交流知识、经验和意见）。

二、由相关企业形成的价值创造网络向最终消费者提供价值

首先，创意领域拥有与传统领域完全不同的生产要素：创意和信息。两者的再生性和共享性使企业占有和使用某种信息或创意（垄断信息和知识产权除外）并不影响其他企业的占有和使用。鉴于创意产品开发所需要的技术范围和商业环境的复杂性，小微创意企业为了提升价值创造能力，就必须找到合作伙伴，并能够管理这些伙伴关系，使每个合伙人从合伙中获利，由此催生了价值（Anderson et al.，1992）、企业核心能力、企业之间关系交织在一起影响产品或服务的企业网络。他们通过这种网络降低成本，缩短创意时间，突破单一企业能力和信息不完全等局限，同时取得差异化竞争优势（Code：合作开发创意产品。Quotations：1：2风景园林工程专项设计公司和国际景观规划与设计公司形成战略联盟，开展城市环境规划与景观设计等合作，为客户提供更

加系统专业的服务，同时创造并分享一个不断成长和扩大的市场；6：4装饰设计企业为了以更低的成本创造更多的价值，开始对操作进行去一体化，与其他设计企业建立紧密的伙伴关系，如将绘制效果图工作外包、2：3广告设计公司与网络科技企业开展商业平台战略合作，实现共享经济价值的最大化和跨业态嫁接，创造新商业模式；5：3数字文化传媒公司与媒体科技公司在VR内容拍摄制作、VR技术解决方案和人才交流等方面展开合作，利用各自优势积极探索前沿信息技术在文化传媒领域的实践，全面提升双方的市场竞争力）。

其次，为了共享网络外部性（Katz and Shapiro，1994；López Sánchez et al.，2008）带来的收益，企业间结成网络进行信息交流与数据共享（Code：共享市场机会和产品反馈。Quotations：3：4软件开发企业共建衍生品销售体验中心，实现市场推广；2：4广告公司彼此合作创建广告电子商城，利用互联网打造平台共享、共融共生的供应链商业生态群；5：4数字文化传媒公司和报社共享市场渠道和行业影响力，在内容采编、传播发行、会展活动、图书等领域获得更多用户；4：4数字艺术公司通过游戏商城平台共享用户数据信息）。

三、虚拟价值网与物理价值网共同实现最大化从虚拟和现实角度创造价值

传统的物理价值网仅仅将信息作为增值过程中的一个支持元素，而不是作为价值的来源。虚拟价值网完全以信息为基础实现新的价值创造，它的各个阶段都允许提取新信息，每一次提取都有可能构成新的产品或服务（Rayport and Sviokla，1995）。在虚拟价值网上，企业可以找到极为低廉的方法向消费者提供高价值的产品。另外，虚拟价值网通过提供更高级别的价值网络集成、信息可见性，以及管理和预测环境变化，在降低消费者的复杂性方面发挥着核心作用。小微创意企业通过清晰且一致的管理这两个价值网，可以实现最大化从虚拟和现实的角度向消费者传递价值。该编码主要包括以下两个要素：

第一，虚拟价值网帮助企业将物理价值网看作一个完整的系统而不是一组分离的相关活动进行管理（Code：帮助企业将物理价值网作为一个整体进行管理。Quotation：4：5数字艺术公司的信息管理系统使管理者能够协调、监测和实时控制业务流程，系统收集的价值链阶段的信息帮助管理者以更高的精确度和速度计划、执行和评估结果，并有效捕捉消费链中的潜在需求；5：5数字文化传媒企业的信息系统使经理人通过比较价值网中每一个阶段的数据信息，更好地配比产品类型，不断优化企业效益；1：3风景园林工程专项设计

公司通过分析价值链的产品数据、渠道数据和消费数据，制定有针对性的产品策略，实现差异化设计，迅速从同类产品中脱颖而出；2：5 广告公司利用大数据整合公司内部各环节的资源，以全面服务"精确选择并提供个性化宣传机会"的战略）。

第二，小微创意企业通过信息开展更为有效和丰富的附加值活动，利用虚拟价值链中的信息流来把价值传递给客户（Code：通过信息实施和扩大附加值活动。Quotation：5：6 数字文化传媒企业通过网站推送数字音频和视频样品，同时预告新作品，而且网站已经成为其在市场中的陈列室，也是一个潜在的新的零售渠道，这是一个虚拟价值网可以媲美物理价值网的舞台；6：5 装饰设计企业通过网络招聘设计师并审核设计方案，同时也会通过编辑网络上的设计资源形成设计稿，数字资产使公司以更低的成本向客户提供更多设计方案和服务；3：5 软件开发企业通过网络提前测试消费者对软件的反应，建立针对具体用户的软件行为；4：6 数字艺术企业建立虚拟工作团队，企业以更宽阔的视野进行设计，通过将产品设计从现实转移到虚拟世界，团队可以超越时间与空间的限制，这是物理世界管理的特征；2：6 广告设计公司不仅利用网络展示自己的产品，而且公司网址可以使未来的客户与公司销售代表进行联系，帮助客户了解公司的设计特点和搜寻产品与服务；1：4 风景园林工程专项设计公司把公司信息系统捕捉的顾客信息进行整合后分配到整个公司，以便员工能向顾客提供更细致的产品、服务与建议）。

第五节　研究结论与意义

一、研究结论

本书采用探索性多案例研究方法，对小微创意企业实现创意到创新转化的价值网进行了探析，识别了该价值网的三个核心结构单元，并得出了一个概念性模型（见图5-5）。本书开发的价值网络的基本原理包括：①消费者单元，消费者到价值共创者的转变。消费者通过在知识和设计、营销、服务方面与企业进行互动来影响价值创造。②企业单元，由超越单个企业的价值链中相关企业形成的价值创造网络，向最终消费者提供价值。小微创意企业为了提升价值创造能力，开始寻找合作伙伴并管理这些伙伴关系，使每个合伙人从中获利，由此形成价值、企业核心能力、企业之间关系交织在一起共同影响产品或服务的企业网络。③数字化与互联网形成的虚拟价值网与现实世界的物理价值网并行存在，虚拟价值网针对物理价值网的改善，实现了最大化从虚拟和现实的角度向消费者传递价值。

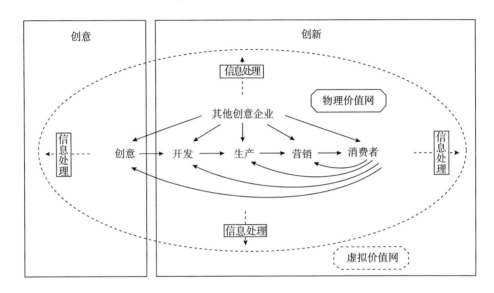

图 5-5 小微创意企业实现创意到创新转化的价值网模型

二、理论贡献和实践意义

以往关于小微创意企业的价值链理论多数以传统价值链理论为基础，没有在企业彼此联系下考察价值增值活动。然而，在目前的创意产业环境中价值创造过程已经超越个体企业层面并转移到网络层面，即使少数研究者运用了价值网理论，也并不是以实现创意到创新转化这一小微创意企业的运营模式为基础的，错过了该领域企业价值创造的特殊行为活动。基于此，本章对创意到创新转化的价值网分析在一定程度上为小微创意企业的研究作出了贡献。

创意到创新转化价值网络思维的出现，使小微创意企业明白传统价值链已经改变。面对当前的商业环境和更加老练的消费者，企业需要重新了解自身的网络及其在网络中所处的位置，及时调整战略和实际操作步骤。首先，推进消费者参与价值共创，完成供需关系的再平衡，以应对供大于求的情况。其次，利用企业的价值创造网络降低生产和交易成本，最大限度地提供客户价值。最后，虚拟价值网重新定义了规模经济和范围经济，允许小公司在大公司主导的市场上实现产品和服务的低单位成本，同时扩大经营范围。由于文化创意领域的企业大多数是小微企业，因此这一点尤为重要。小微创意企业必须学会利用数字资产跨越物理和虚拟两个价值网进行价值创造。

第六章　基于小微创意企业价值网模式的文化企业家胜任力

第一节　研究目的与文献回顾

发展文化创意产业已被我国政府纳入战略规划，文化企业家胜任力问题的潜在意义关乎文化创意企业和产业的经济绩效和业务增长，理论和实践领域都亟待对文化企业家胜任力进行分析。然而，尽管围绕传统企业家胜任力已经有相当丰富的研究成果并在实践中得到广泛应用，但并不能简单地把传统企业家胜任力看作文化企业家胜任力，因为两者存在的组织基础和价值主张完全不同，导致两者特质上存在巨大差异。文化企业家胜任力以小微创意企业的实际运营为自身独特的情景和社会定义，遗憾的是之前鲜有基于此分析框架的文化企业家胜任力研究。为了填补该缺失，本书以小微创意企业实现创意到创新转化价值网作为研究框架，对文化企业家理论进行重新探析，这次重新探析的理论被称为"基于创意到创新转化价值网的文化企业家胜任力模型"理论。正如许多学者所说，识别和测量胜任力是具有挑战性的。比如，对可测性和可分割性胜任力的判断，不同类别的企业家的市场能力不同，管理的变化性质，理解不同情境下胜任力之间的差异，管理风格和策略各不相同等会影响对胜任力的分析。这些复杂性导致实证研究和理论命题产生了源于不同背景的一系列框架和列表，这些框架之间有重叠也存在差异。笔者基于胜任力概念来研究文化企业家主要有以下两个方面的考虑：第一，整理和分析这些框架、列表后发现，相关领域非常缺乏基于小微创意企业整个实际运营过程的文化企业家胜任力理论和实证工作，笔者认为需要形成一个有价值的框架帮助反思和发展。第二，胜任力的情境和社会定义特质相较于能力概念，能够更真实和准确地描述和理解文化企业家在职业和商业环境中的运作和表现。

现有文献围绕文化企业家的内涵、能力、影响文化企业家的外部因素等方面进行了探讨，尽管分散性地描述了能力要素，但并没有对文化企业家的胜任力形成系统性研究，更没有基于创意到创新转化价值网的文化企业家胜任力探析。内涵方面的探讨涉及身份、特质、所属阶层；能力方面的探讨涉及空间能力、艺术技能、商业技能、处理小微创意企业事务的能力；影响文化企业家的外部因素方面的探讨涉及创意组织、环境、制度、社会网络、价值观、资源、战略、教育、创业。

第二节　理论基础

一、文化企业家内涵

尽管传统企业家理论对企业家的内涵、特质、形成机制形成了一套科学全面的阐释，但由于其基于传统企业背景展开，且传统企业的价值链以市场竞争为导向，即以市场价值最大化为目标，因此其显然不能够充分地揭示文化企业家的全部价值活动。文化企业家输出的价值并非只有单纯功利功能，还包括文化和经济双重价值。其经历的从生产到消费的过程不是仅仅以市场价值为导向的线性价值链，而是围绕艺术与商业的平衡，涉及消费者、行业内外其他企业的网状结构价值链。因此，采用传统企业家理论作为分析框架定义文化企业家内涵，将会丢失其在小微创意企业网状价值活动中的重要描述要素，导致内涵阐释的片面和失真。

笔者在分析和总结已有文献的基础上提出全新的情境和社会定义，强调小微创意企业是文化企业家赖以存在的组织基础和一切行为活动的价值载体。本书采用基于小微创意企业实现创意到创新转化价值网的分析框架，从自我进取的社会学角度（劳动力市场理论中的文化企业家概念界定更加强调创意和经济利益），围绕文化企业家所属组织、根据组织目标产生的职能和特质三方面把其内涵界定为：文化企业家存在于所有提供象征性商品和服务的小微创意机构；与其他企业家相比，他们最重要的特质是让艺术与获利结合；他们在推动企业实现创意到创新转化的过程中不断地在艺术与商业的模糊界限中寻找平衡，在创造经济利益的同时履行自身艺术守护者的职能，从而为文化产品和服务的生产者和消费者创造文化和经济价值。文化企业家可以被理解为三种元素结合的主体。第一，创造新的文化创意产品，需要对当前的文化创意形势有细致的了解。第二，同时追求艺术和经济利益，不断平衡艺术与商业，以保证自己对身份和社会轨迹的承诺。第三，他们是"企业家"，因为他们必须找到创新的方法。可见，文化企业家所有的活动情境都处于小微创意企业实现创意到创新转化这个过程，这也是本书选择以实现创意到创新转化价值网为基础分析其胜任力的原因。

二、文化企业家胜任力

第一，本书基于对研究真实性和全面性的考虑，采用全新的小微创意企业实现创意到创新转化价值网作为文化企业家胜任力研究的分析框架。首先，文化企业家与传统企业家的差异体现在职能和价值主体上。文化企业家的动机不能只为经济利益，经济利益并不是他们的唯一追求，对于文化企业家来说，从事符合职业理想和身份的活动很重要。其次，文化企业家和传统企业家存在的组织基础和行为活动的价值载体不同。文化企业家以小微创意企业为组织基础，技术、组织创新和创造力使其与客户和公众的关系不依赖于传统的集中生产。小微创意企业以创造力和智力资本为主要输入，通过创意到创新的转化来实现创造力的文化和商业应用，从而创造艺术和经济价值。它是在一个高度协作、创造性和网络化的价值网中进行创意到创新转化的循环，该价值网是文化企业家行为活动的价值载体。传统企业家以传统企业为组织基础，传统企业与客户和公众的关系依赖于传统的集中生产，企业价值活动遵循以市场竞争为导向的市场价值最大化的波特价值链。

第二，本书以传统企业家胜任力理论为理论支撑，使文化企业家胜任力研究囊括创业胜任力和管理胜任力两个方面，以保证研究结论的完整性和准确性。本书第二章回顾企业家胜任力相关文献时，学者把企业家胜任力整合为创业胜任力和管理胜任力两个部分。大多数学者一致认同最重要的企业家胜任力是管理胜任力。基于以上对文化企业家和传统企业家的差异分析，笔者认为以创造力为核心的小微创意企业，其所在的行业竞争十分激烈，创业失败率很高，因此对于文化企业家来说，创业胜任力和管理胜任力同样重要。

三、创意到创新转化价值网

本书第五章对小微创意企业实现创意到创新转化的价值网进行了探析，识别了三个核心结构单元，其基本原理包括：第一，消费者单元，消费者到价值共创者的转变。消费者通过在知识和设计、营销、服务方面与企业进行互动来影响价值创造。第二，企业单元，由超越单个企业转移到价值链中相关企业形成的价值创造网络向最终消费者提供价值。小微创意企业为了提升价值创造能力，开始寻找合作伙伴并管理这些伙伴关系，使每个合伙人从中获利，由此形成价值、企业核心能力、企业之间关系交织在一起共同影响产品或服务的企业网络。第三，数字化与互联网形成的虚拟价值网单元，数字化与互联网形成的虚拟价值网与现实世界的物理价值网并行存在，虚拟价值网针对物理价值链网的改善，实现了最大化从虚拟和现实的角度向消费者传递价值。

小微创意企业创意到创新转化价值网中的参与者之间的联系可能代表资金流动、合同关系、信息流动或任何类型的承诺或者交换。该价值网展示了企业运营生态系统如何形成一个分层的概念结构，这个概念结构被可视化为具有三个核心结构单元的价值网模型，该模型包含最终客户价值、商业价值（股东价值）、合作价值和社会价值，是一个涉及数字技术深度融合的多维度概念结构。该价值网有效地帮助小微创意企业将微观专业能力整合并转化为具有市场潜力的复杂价值主张，使其获得了巨大的竞争优势。创意到创新转化提供的网络视角是一个多维框架，有助于探索相互关联的价值链之间的协同作用和瓶颈，帮助小微创意企业在了解不断变化的客户需求时保持敏捷和适应性，以及更好地协调自身能力，以创建和维护与客户、供应商、其他参与者的关系。该网络还能够描述企业之间的无形流动和无形资产如何通过转换为货币价值或者可交换价值形式进入市场，这在很大程度上增加了背景的丰富性，因为如果只考虑有形交易，那么构成网络的许多公司就会被遗漏，从而造成价值分析的缺失。

第三节　数据资料处理及结果

一、研究设计与方法

本章的研究设计包括五个要素：①研究的问题：基于实现创意到创新转化价值网的文化企业家胜任力分析。②理论假设：本书所研究的问题属于探索性问题，需要通过研究建立新的概念和理论体系，因此无法在事前提出理论假设。但是，笔者提出了具体的研究目的，以及判定研究是否成功的标准，用于保证最终的研究成功。本章的研究目的是填补基于实现创意到创新转化价值网这个社会和情境定义下的文化企业家胜任力研究的缺失。③分析单位的界定。本章的分析单位是实现创意到创新转化过程中的文化企业家，研究对象以小微创意企业完成一个创意到创新转化过程为时间界限。④连接资料与假设的逻辑：这里涉及分析工具、分析策略和分析技术。本书选择软件 ATLAS. ti 7 作为案例研究工具，对大量陈述性文本进行编码和归类。案例研究使用案例描述性总体分析策略和建构性解释分析技术。⑤解释研究结果的标准：本章使用信度可靠性指数检验研究结果。

本章采用探索性案例研究方法进行理论建构，与此相应地，研究设计的类型属于"自然调查"形式，通过归纳逻辑形成对事物的理解（Lincoln and Guba，1985）。基于以下两个原因，论文选择案例研究方法。第一，衡量胜任力的方法多种多样，每一种方法都有自己的优势和劣势。整理回顾这些方法，为文化企业家胜任力的测量研究做好准备。方法一，研究取决于假设和预测，也就是尝试一种先行假设的观点。具体操作方法是，根据文献回顾，描述反映胜任力的关键知识或才能，然后让受调查者对自己的胜任力水平进行自我评估，或者通过深度访谈、实际观察等比对受访者关于能力的陈述与之前的假设和预测的一致程度。Chandler 和 Jansen 在文章中使用了类似的方法（Chandler and Jansen，1992）。方法二，采用文本线索识别。这种方法以信息处理理论为基础，结合名义尺标，被研究者必须同意或不同意给定的陈述。Mitchell 等在研究中采用过此方法（Mitchell et al.，2002）。方法三，研究人员基于绩效视角，首先选择关键性任务，其次评估帮助实现这些关键性任务的受访者特质的敏锐程度，以确定胜任力（Lerner and Almor，2002）。必须说明的是，整个评估都是主观的自我认知，因此必须非常重视主观自评量表的判别、收敛和外部效度。方法四，学者通过分析提出了感知胜任力和实际胜任力之间存在强有力的关系的证据，以此为框架来推断和建构胜任力（Gist，1987）。方法五，研究者建议基于过程和行为视角，采用定性方法对企业家胜任力进行测量，如使用深入访谈和实地观察方法的案例研究。他们指出定性方法可以从过程和行为视角提供对胜任力的见解，而传统的定量方法却不能，且在企业家胜任力方面缺乏定性研究（Hindle and Yencken，2004）。由于目前少有基于创意到创新转化价值网的文化企业家胜任力分析，且能力理论无法弥补特定情境和社会定义下文化企业家研究的缺失，针对这种缺乏理论研究的新现象或实践，案例研究法"旨在实现更好地建立和拓展理论"（罗伯特·K. 殷，2010），选择案例研究方法非常符合本书的情况。因此，笔者基于过程和行为视角，采用案例研究方法对文化企业家胜任力进行测量，根据消费者单元领域、企业单元领域、虚拟价值网单元领域、支持胜任力领域四个基本功能角色对编码数据进行聚类，从而寻找符合创意到创新转化价值网的文化企业家胜任力集群。第二，案例研究能够从现象中寻找启示，回答"怎么样"的问题，有利于清楚地描述基于实现创意到创新转化价值网的文化企业家胜任力理论。本章采用多案例研究，通过反复验证增强研究的有效性。

由于胜任力的情境和社会定义特质，导致经营小公司的胜任力在质量和数量上与经营大型企业不同。另外，企业生命周期的各个阶段的胜任力也有差异，包括从创业管理企业阶段发展到专业管理企业阶段。关于文化企业家胜任力研究的情境和社会定位问题，本章从两个方面解决：第一，选择小微创意企业作为案例研究对象。这个企业群体既能展现胜任力的定义特质，又代表了中国创意企业的主体。小微创意企业是文化企业的构成主体小微创意企业的规模特点、管理结构和独立性，使文化企业家在企业经营中处于最关键的地位，企业的成功与失败在很大程度上取决于文化企业家个人的胜任力。这样的背景使文化企业家胜任力的构成、动态和影响具有非常重要的经济、社会和政治意义，充分体现了研究价值。第二，选择以创意到创新转化价值网为基础。因为这个转化过程不但涉及企业发展的各个阶段，而且涵盖创业胜任力和管理胜任力，能够有效地解决研究的定义特质问题。本章构建了一个有价值的、综合性的文化企业家胜任力模型，这个模型可以作为进一步研究的基础，也可以帮助企业家学习在企业不同阶段的角色转换。

二、数据收集与效度和信度

本书案例研究质量的判定标准是建构效度、内在效度、外在效度和信度。①建构效度：为了确保建构效度，本书采用了多来源数据进行三角验证（Miles and Huberman，1994）。这些多来源数据包括通过对文化企业家、小微创意企业管理层、行业专家以及企业利益相关方（包括其他产业企业）进行半结构式访谈和实地观察（直接观察和参与性观察）收集的一手资料和通过文献、企业内外部资料、行业专家分析报告整理得到的二手资料。为了避免因"印象管理和回溯性释义"带来的偏差（Eisenhardt and Graebner，2007），本书仅将访谈作为数据来源的一部分。这些多来源的数据资料形成证据链，能够实现从结论反推出最初的问题或从问题推出结论的双向推导。②内在效度：本章通过描述性总体分析策略和建构性解释分析技术来保证研究的内在效度。笔者以小微创意企业实现创意到创新转化为描述性框架，梳理复杂的聚类关系和寻找多元性的理论建构依据后，提出基于实现创意到创新转化价值网的文化企业家胜任力的研究命题，反复审视命题与经验数据是否符合，直到两者完全匹配。③外在效度：本章采用多案例研究方法，严格遵从复制法则，把六家案例企业平均分为两组，对每一组进行两次编码和构念组合，使用信度可靠性指数对两套结果进行对比和相互验证，检验结果显示编码一致性系数达到 0.8254，符合检验要求。逐项复制结果如图 6-1 和图 6-2 所示。④信度：笔者尽可能详细地记录研究步骤，并使用软件 ATLAS. ti 7 建立研究数据库。

三、数据编码结果

本章分别对第一组和第二组进行独立的案例分析，得出两组相同的数据编码结果，为避免重复分析、描述造成冗余，笔者对结果进行统一阐释。

在软件中建立基于创意到创新转化价值网的文化企业家胜任力理论的总体阐述单位，通过分类整理形成总体阐述单位下的初始文件。在建立初始研究数据库后，对每个 PDs 进行详细分析，识别有意义的论据片段，并根据逻辑关系对论据进行聚类。聚类编码结果如图 6-3 所示。在聚类编码的基础上，使用软件提供的网络视图功能形成阶段性的构念网络图，以检视当前形成的构念体系。经过反复检视，最终形成基于实现创意到创新转化价值网的文化企业家胜任力模型的构念网络图和相应的编码表，如图 6-4 和表 6-1 所示。

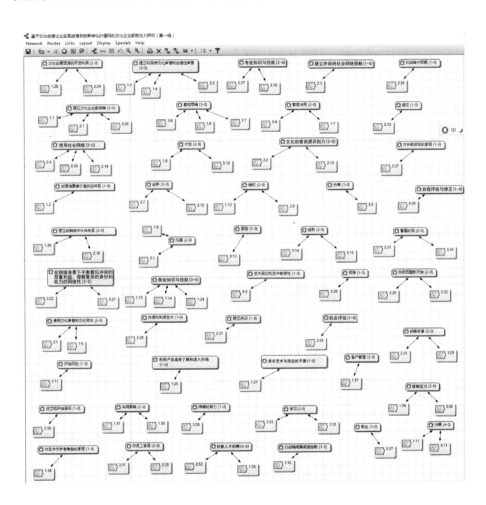

图 6-1　第一组研究对象的编码结果

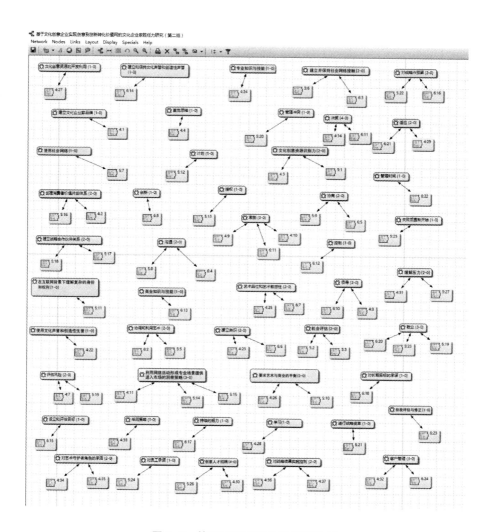

图 6-2 第二组研究对象的编码结果

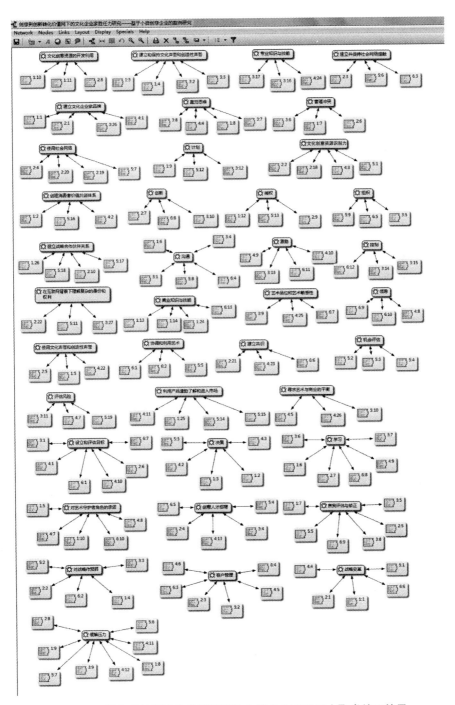

图6-3 创意到创新转化价值网下的文化企业家胜任力聚类编码结果

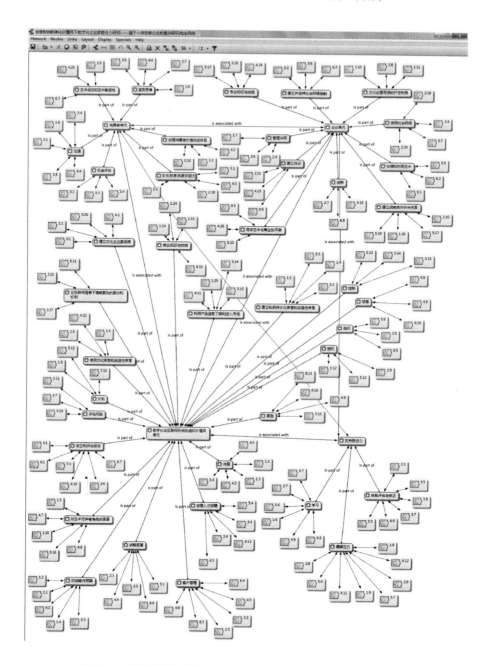

图 6-4 创意到创新转化价值网下的文化企业家胜任力构念网络

表 6-1   ATLAS. ti 质化数据编码举例

编码名称（Codes）	论据（Quotations）
文化创意资源识别力	2：2 数字文化传媒公司总经理为某博物馆策划以"文博衍艺"为品牌、富有中国特色的文化活动，充分展示了其在文化创意资源识别力方面的卓越能力（4：4） 4：3 数字艺术公司总经理设计的"艺术 TO 空间"是一处少有的有品质、有品位的文化创意场所（5：5）
机会评估	5：3 装饰设计公司总经理评估墙体彩绘时，强调应使用绿色、个性化、自然、艺术和专业的手法来描绘人们的居住环境（7：7） 2：23 数字文化传媒公司总经理评估澳大利亚的艺术浴缸生产厂家推出的碳纤维浴缸（8：8）
协调和利用艺术	3：28 软件开发公司总经理开设了一个软件界面美学研究中心，致力于通过时尚与功能相结合的设计，提升用户体验（4：4） 6：2 风景园林工程专项设计公司的总经理在咖啡馆接触到不同的人群，这群人提供了丰富的灵感和创意，使其能够在项目中更加灵活地协调和利用艺术，打造独具特色的园林景观设计（5：5）
建立并保持社会网络接触	6：3 风景园林工程专项设计公司总经理与北京某投资管理中心、重庆某房地产开发有公司建立紧密的合作关系（6：6） 2：3 数字文化传媒公司总经理与广东某文化投资有限公司在基础设施、文化旅游项目上展开了深入合作（5：5）
使用社会网络	2：4 数字文化传媒公司总经理与某报社签订战略合作协议，探讨在其他领域进行合作的可能性（6：6） 5：7 装饰设计公司总经理与飞鱼设计、博乐设计、凸凹设计公司和台州塑料制品厂建立了合作关系，探讨该领域的协作与创新（10：10）
建立和保持文化声誉和创造性声誉	1：3 广告公司总经理非常注重企业声誉的打造，通过企业制度建设把注重声誉融入企业文化和运营流程（5：5） 6：15 风景园林工程专项设计公司总经理不是只注重短期交易，而是重视长期合作关系和项目的文化价值（4：4）
使用文化声誉和创造性声誉	4：22 数字艺术公司总经理抓住中国北京 2008 年成功举办奥运会的机会（26：26） 1：5 广告公司总经理在挖掘《西游记》等传统文化素材基础上，与现代艺术思想相结合，推出一系列创新广告作品（7：7）
建立文化企业家品牌	2：1 数字文化传媒公司的官网以创始人及其知名作品为广告宣传，用户可以动态浏览和互动（2：2） 4：1 数字艺术公司在网站建立后一直把董事长及其经历作为广告宣传和公司的品牌优势（2：2）
客户管理	4：40 数字艺术公司总经理组织研发客户管理软件，帮助公司对客户进行管理，能更好地提升客户满意度和忠诚度（24：24） 6：25 风景园林工程专项设计公司总经理专门设置了客户管理部，该部门从市场销售部独立出来，以留住更多的客户（22：22）

续表

编码名称（Codes）	论据（Quotations）
沟通	3：1 软件开发公司总经理每次都会为开发新的网络软件产品与客户和合作伙伴进行沟通（2：2） 5：8 装饰设计公司总经理经常与设计人员围绕业主需求进行沟通（2：2）
管理冲突	5：20 装饰设计公司总经理总结了一套处理员工冲突的方法，并安排人力资源部将其作为员工培训的材料（8：8） 1：7 广告公司总经理为了更容易解决一些被忽视的渠道内冲突隐患，由企业专门设置了冲突管理部门（9：9）
建立共识	6：6 风景园林工程专项设计公司总经理与某金融公司达成战略建立共识，立足本省向全国市场扩展（8：8） 4：23 在数字艺术公司总经理的推动下，联合电子商务行业的领袖级企业家共同发起了这一项目（27：27）
直觉思维	3：7 软件开发公司创始人认为顾客购买他们的产品是为了使生活更加便捷和高效（9：9） 4：4 数字艺术公司创始人认为直觉并非来自传统的学习，而是经验性智慧（6：6）
寻求艺术与商业的平衡	4：26 数字艺术公司总经理从不把艺术和商业完全分开，他每天在网上浏览最新的艺术趋势和市场动态（28：28） 5：10 装饰设计公司创始人被称为"灯光诗人"，不仅因为他是一名出色的设计师，也还因为他能够巧妙地将艺术与商业需求融合在一起（12：12）
在互联网背景下理解复杂的身份和权利	5：11 装饰设计公司总经理开了八家实体店后不再增设实体店，而是通过手机 App 打通销售渠道和客户服务（26：26） 2：22 数字文化传媒公司总经理认为新书出版，特别是出版商每年的重点书目发布，能够有效塑造和引导公众舆论（25：25）
艺术品位和艺术敏感性	6：7 对于风景园林工程专项设计公司创始人而言，收藏已经成为一项事业（9：9） 4：25 数字艺术公司的创始人作为艺术家的最大启示，不在于通常所认为的技巧和风格，而在于对创意和审美的敏锐洞察（8：8）
创新	2：7 数字文化传媒公司创始人认为美国经济学家熊彼特把创新说成是"创造性破坏"，这种观点强调了通过不断打破旧有模式来推动进步和发展的重要性（9：9） 6：8 风景园林工程专项设计公司看起来与互联网时代格格不入，但总经理仍然把技术创新和数字化工具引入设计和管理流程中（24：24）
评估风险	4：7 数字艺术公司总经理通过开展风险评估、建立风险控制手册，有效地防范可能出现的项目失败和财务损失（9：9） 5：19 装饰设计公司总经理为了更好地审议公司风险管理政策与策略，设立了专门的风险管理委员会（13：13）

续表

编码名称（Codes）	论据（Quotations）
计划	1：9 广告公司创始人之一，现任人力资源总监认为计划管理是企业管理的基础（11：11） 3：12 软件开发公司总经理在 2008 年遇到金融危机，公司有 40% 的项目被迫中止，他通过制定紧急应对计划和调整业务策略，成功带领公司渡过难关（14：14）
文化创意资源的开发利用	1：10 广告公司总经理利用文化资源设计广告，救活了曲阜某酒厂，他把酒名改为"孔府佳酿"，并结合当地历史文化进行宣传（12：12） 2：8 数字文化传媒公司创始人利用《西游记》戏曲、电影、传说的影响，为曹县的旅游业策划了一系列主题活动和宣传片（10：10）
组织	3：5 软件开发公司总经理简化不必要的组织层级，在公司推行项目制（7：7） 6：5 风景园林工程专项设计公司总经理针对组织的日常运作和管理引入办公自动化系统（7：7）
领导	3：29 软件开发公司总经理在内部倡导的"领导力 2000"（6：6） 4：8 数字艺术公司总经理在 2014 年对各层次员工进行了有关改造公司战略和目标的培训（10：10）
激励	4：9 数字艺术公司的员工获得公司总经理股权激励并参与分红（11：11） 3：13 软件开发公司总经理制定任职资格双向晋升通道的激励政策（15：15）
授权	1：12 广告公司总经理倡导的授权经营模式是开发员工的资源，整合企业内外部各类优势资源（14：14） 5：13 装饰设计公司董事长认为给客人打折，照传统的思维方式，当然是销售部的职责，但他授权前线员工自主决定折扣策略（14：14）
控制	3：14 软件开发公司的产品一直深入用户的心，原因在于公司总经理对产品质量和用户体验的严格把控（16：16） 6：12 风景园林工程专项设计公司董事长对员工完成任务过程的把控非常严格，同时对员工又非常的关心和支持（13：13）
决策	1：38 广告公司在十年前遇到最大发展瓶颈时，董事长决定将重点目标客户转向新兴市场（26：26） 6：11 风景园林工程专项设计公司总经理借着互联网发展大潮毅然做出利用互联网进行线上营销和客户管理的决定（23：23）
创意人才招聘	4：38 数字艺术公司总经理每次都参与工程师的招聘面试（22：22） 5：26 装饰设计公司的设计师招聘工作与其他装饰设计公司的不同之处在于不仅注重专业技能，也重视候选人的创意和创新思维能力（22：22）
专业知识与技能	3：16 软件开发公司创立之初，所有的程序代码都由创始人亲自编写（18：18） 4：24 数字艺术公司创始人从清华大学计算机系毕业后赴美留学，于 1995 年获得麻省理工学院的计算机科学硕士学位（13：13）

续表

编码名称（Codes）	论据（Quotations）
商业知识与技能	1：13 广告公司总经理呼吁人们"打破忙碌"，为生活添置点惊喜与感动的新购物理念（15：15） 6：13 风景园林工程专项设计公司总经理通过打造"东方之美"的策略和天与空携手，首次将传统美学与现代设计相结合（25：25）
利用产品造势了解和进入市场	4：11 数字艺术公司总经理把开发的新游戏先提供给网络上活跃的小部分玩家试玩（14：14） 1：25 广告公司总经理帮助某婚庆设计公司在官方网站上展示很多婚礼照片，并通过精心设计的婚礼策划案例吸引了大量潜在客户（28：28）
创建消费者价值共创体系	1：2 广告公司总经理在设计的过程中请顾客完全加入进来，对自己的广告创意提出意见和建议（3：3） 5：16 装饰设计公司总经理邀请顾客共同设计家具产品，每年都能收到顾客反馈（3：3）
建立战略合作伙伴关系	5：18 装饰设计公司总经理与某家具公司签署战略计划（16：16） 2：10 数字文化传媒公司总经理与七家知名品牌正式达成战略合作（12：12）
设立和评估目标	6：16 风景园林工程专项设计公司董事长认为创业不要一开始就设定宏伟目标，而应从小目标做起，逐步实现和调整（14：14） 4：28 数字艺术公司董事长回忆自己的成功经历时说："回想到自己二三十岁时，从设立一个个目标开始，不断评估和调整，最终取得了今天的成就"（15：15）
战略变革	1：28 广告公司从无到有，短短数十年时间发展成为在当地知名的优秀企业（17：17） 5：21 装饰设计公司为了全面进入家具产业，实施60%以上家具的自主设计和生产（17：17）
对战略做预算	5：22 装饰设计公司创始人将战略目标先分解为年度总预算，再将总预算目标细化到各个部门和项目（18：18） 2：25 数字文化传媒公司总经理通过构建战略预算管理体系，将公司战略转化为具体的财务计划和行动方案（13：13）
对艺术守护者角色的承诺	4：34 数字艺术公司总经理提出"艺术走向市场"的口号，但艺术如何走向市场，他始终坚持在商业化过程中保护艺术的纯粹和原创性（19：19） 1：32 广告公司承接口红、饮料瓶子等创意广告，总经理强调必须将广告设计美学融入每一个细节（20：20）
学习	3：34 软件开发公司总经理具备快速学习的能力，在他做某款线上唱歌软件的过程中，自学了音频处理和用户体验设计等相关知识（31：31） 4：36 数字艺术公司创始人针对性的学习能力很强，他在创办某团购网站之前，自学了电子商务和数字营销等相关知识（31：31）

续表

编码名称（Codes）	论据（Quotations）
自我评估与修正	6：24 风景园林工程专项设计公司总经理有互联网焦虑，但他评估了自己的应对策略，积极学习新技术和数字化工具（26：26） 1：34 广告公司总经理曾经这样评价自己，"当我认为自己是最聪明最牛的时候，往往就是我需要重新审视和调整自己的时候"（21：21）
缓解压力	1：36 广告公司总经理曾经对广告业的新趋势感到焦虑，认识到自己的问题后，通过积极学习和寻求专业指导，逐步适应了行业变化（23：23） 5：27 装饰设计公司总经理提到，在这个大变革的时代下，许多企业，特别是传统行业的企业，必须通过不断学习和创新来缓解压力（23：23）

资料来源：本书整理所得。

第四节　案例分析与主要发现

笔者基于胜任力理论对原始编码进行构念组合。从整个构念网络图看，消费者单元领域、企业单元领域、数字化与互联网形成的虚拟价值网单元领域、支持胜任力领域四个编码不仅与其他编码之间存在逻辑包含关系，而且彼此间紧密联系，因此成为创意到创新转化价值网下文化企业家胜任力模型的核心构念单元。

一、消费者单元领域

消费者单元领域包括文化创意资源识别力、机会评估、客户管理、沟通、直觉思维、艺术品位和艺术敏感性、创建消费者价值共创体系、对艺术守护者角色的承诺 8 个胜任力要素，体现了小微创意企业实现创意到创新转化时价值创造方式的巨大变化：企业已经不是唯一的价值创造者，客户也不再是纯粹的价值消耗者，而是以价值共创者的身份出现。

第一，文化创意资源识别力。其行为成分是文化企业家基于专业领域的熟悉度、商业经历、对未进入的市场空白和目前参与的相关经营业务的了解，在环境的变化中识别承载文化元素的资源。文化企业家通过识别和评估来甄选潜在机会，并将其转化为可行机会。该胜任力是文化企业家"对机会警觉"的天生属性，但仍需要文化企业家具备识别、评估、营销、收集市场信息的技能和知识。研究发现，鉴于小微创意企业的规模特征，文化企业家往往不具备正式开展市场调查的条件，为了寻求更多潜在机会，他们通常需要利用个人社会网络、传统媒体、互联网、展会等收集信息，然后对市场信息进行评估、甄选，再通过识别文化资源和协调利用艺术将潜在机会转化为可行机会（Code：文化创意资源识别力。Quotations：2：2 数字文化传媒公司总经理为某博物馆策划以"文博衍艺"为品牌、富有中国特色的文化活动，充分展示了其在文化创意资源识别力方面的卓越能力；4：3 数字艺术公司总经理设计的"艺术 TO 空间"是一处少有的有品质、有品位的文化创意场所）。第二，机会评估。在生成创意结果的同时，评估市场现状、竞争情况、商业趋势和未进入的市场空白，在采取实际行动实施创新之前，全面考虑并判断创意过程和结果是否有通过市场过滤的可能，从而甄选潜在机会（Code：机会评估。Quotations：5：3 装饰设计公司总经理评估墙体彩绘时，强调应使用绿色、个性化、自然、艺术和专业的手法来描绘人们的居住环境；2：23 数字文化传媒公司总经理评估澳大利亚的艺术浴缸生产厂家推出的碳纤维浴缸）。第三，客户管理。文化企业家协调企业与顾客在销售、营销和服务上的交互，并向顾客提供创新式的优质化客户交互与服务，以吸引新用户、保留老用户和将已有用户转为忠实用户，最终提升企业的市场竞争力（Code：客户管理。Quotations：4：40 数字艺术公司总经理组织研发客户管理软件，帮助公司对客户进行管理，能更好地提升客户满意度和忠诚度；6：25 风景园林工程专项设计公司总经理专门设置了客户管理部，该部门从市场销售部独立出来，以留住更多的客户）。第四，沟通。包括文化企业家对外向客户、合作伙伴、行业协会等推荐的产品和服务，对内与员工讨论工作、给予员工建议、聆听员工意见、引导员工追随企业等（Code：沟通。Quotations：3：1 软件开发公司总经理每次都会为开发新的网络软件产品与客户和合作伙伴进行沟通；5：8 装饰设计公司总经理经常与设计人员围绕业主需求进行沟通）。第五，直觉思维。文化企业家并没有通过常规的逻辑思考步骤，而是在直观、迅速地观察后，以自身直觉对市场机会、组织行动风险和改进需求、客户需求等进行分析、评估和决策。直觉思维建立在文化企业家的经验和观察技巧上，文化企业家常常运用该胜任力绕过分析、评估、决策等正常的逻辑步骤，凭借直觉对外部机会或组织问题采取快速行动，这使文化企业家更容易适应新形势。直觉思维还包括评估公司内外部行动风险的概念性能力。例如，具有扎实专业素养和丰富行业经验的文化企业家能够凭借自身经历快速判断新的文化资源是否具有开发利用价值；可以通过观察客户行为获取客户需求；能够从不同角度看待问题，以寻找问题的替代方案，这在处理市场饱和竞争问题时尤为重要，具有直觉思维的文化企业家往往可以重新包装同一个文化资源以形成新的创意产品，并推向全新的细分市场，从而实现创新；根据行业发展趋势提前预判行为风险，及时做出技术淘汰或引进决策（Code：直觉思维。Quotations：3：7 软件开发公司创始人认为顾客购买他们的产品是为了使生活更加便捷和高效；4：4 数字艺术公司创始人认为直觉并非来自传统的学习，而是经验性智慧）。第六，艺术品位和艺术敏感性。它是指对艺术美学的理解和欣赏，捕捉艺术表达的技能，是识别和开发文化资源的重要基础（Code：艺术品位和艺术敏感性。Quotations：6：7 对于风景园林工程专项设计公司创始人而言，收藏已经成为一项事业；4：25 数字艺术公司的创始人作为艺术家的最大启示，不在于通常所认为的技巧和风格，而在于对创意和审美的敏锐洞察）。第七，创建消费者价值共创体系。小微创意企业的价值创造系统已经演化为一种开放系统，生产和消费过程不再彼此独立，企业与客户在合作、互动中共同创造价值。他们通过在产品、服务设计、生产和消费过程中与作为生产者的企业进行互动来影响价值创造。因此文化企业家必须具备创建消费者价值共创体系的胜任力（Code：创建消费者价值共创体系。Quotations：1：2 广告公司总经理在设计的过程中请顾客完全加入进来，对自己的广告创意提出意见和建议；5：16 装饰设计公司总经理邀请顾客共同设计家具产品，每年都能收到顾客反馈）。第八，对艺术守护者角色的承诺。在商业化过程中，把艺术的哲学和美学魅力以创意产品为载体表现出来，始终秉持把艺术作为心灵财富的价值观。面对巨大的经济利益诱惑，坚守艺术价值底线。承诺胜任力是指企业家因为有强烈的使命感而具有抵抗外界干扰的惊人忍耐力，它是驱使企业家永续经营的能力（McClelland，1987）。如果说战略胜任力与制定目标和采取行动有关，那么承诺胜任力就与如何维持行动有关。对于文化企业家而言，承诺胜任力不仅体现为对工作的强烈投入、面对困难的勇气、对员工的责任感，还体现为对艺术的奉献、对个人信念和价值观的承诺（Code：对艺术守护者角色的承诺。Quotations：4：34 数字艺术公司总经理提出"艺术走向市场"的口号，但艺术如何走向市场，他始终坚持在商业化过程中保护艺术的纯粹和原创性；1：32 广告公司承接口红、饮料瓶子等创意广告，总经理强调必须将广告设计美学融入每一个细节）。

二、企业单元领域

企业单元领域包括协调和利用艺术、建立并保持社会网络接触、使用社会网络、管理冲突、建立共识、寻求艺术与商业的平衡、创新、文化创意资源的开发利用、专业知识与技能、建立战略合作伙伴关系 10 个胜任力要素，体现为由超越单个企业的价值链中相关企业形成的价值创造网络，向最终消费者提供价值。创意领域拥有与传统领域完全不同的生产要素：创意和信息。两者的再生性和共享性使小微创意企业占有和使用某种信息或创意（垄断信息和知识产权除外）并不影响其他企业的占有和使用。另外，由于创意产品开发所需要的技术范围和商业环境的复杂性，小微创意企业为了提升价值创造能力，必须找到合作伙伴，并能够管理这些伙伴关系，使每个合伙人从合伙中获利，由此催生了价值、企业核心能力、企业之间关系交织在一起影响产品或服务的企业网络。这些企业通过这种网络降低成本，缩短创意时间，共享网络外部性，突破单一企业能力和信息不完全等局限，同时取得差异化竞争优势。

第一，协调和利用艺术。访谈过程中文化企业家普遍表示协调和利用艺术非常重要，它能让消费者和其他利益相关者理解并欣赏企业的创意，这是最终产生产品忠诚度的前提条件。列夫·托尔斯泰（1982）在《论艺术》中指出："文艺创作是艺术家在自己心里唤起曾一度体验过的情感，并且在唤起这种情感之后用动作、线条、色彩、声音及言词所表达的形象来传达出这种情感，使别人也能体验到同样的情感。"每个创意都有其独特的情感，这种情感就是创意的生命力。文化企业家协调艺术的能力，实际上是通过最大限度地将创意中的情感转化为消费者满足需求的价值标准，使创意的情感、声音、色彩和造型等被消费者理解，并让消费者感到愉悦（刘凌艳和杨永忠，2017）。除了协调艺术，要使消费者产生忠诚度，还需要利用艺术。利用艺术的能力实际上是将企业创意中的情感打造成消费者精神体验的一部分，甚至成为消费者意识形态的特征（Code：协调和利用艺术。Quotations：3：28 软件开发公司总经理开设了一个软件界面美学研究中心，致力于通过时尚与功能相结合的设计，提升用户体验；6：2 风景园林工程专项设计公司的总经理在咖啡馆接触到不同的人群，这群人提供了丰富的灵感和创意，使其能够在项目中更加灵活地协调和利用艺术，打造独具特色的园林景观设计）。第二，建立并保持社会网络接触。文化企业家需要与现有和潜在客户、商业协会、合作伙伴、利益相关者、员工等建立工作网络和人际关系，并在很长时间内维持这种社会关系（Code：建立并保持社会网络接触。Quotations：6∶3 风景园林工程专项设计公司总经理与北京某投资管理中心、重庆某房地产开发有公司建立紧密的合作关系，2∶3 数字文化传媒公司总经理与广东某文化投资有限公司在基础设施、文化旅游项目上展开了深入合作）。第三，使用社会网络。利用公司所有利益相关者（客户、供应商、员工、合作伙伴、商业协会等）的网络、关系、信任、信心与商业伙伴建立共识，可以从内部和外部获取必要的资源和习得实用的技能，以此争取商业机会。例如，与客户建立良好的关系，形成"滚雪球"式的客户网络，维持稳定的客户基础；与员工建立良好的工作关系，保持稳定和忠诚的员工队伍；与媒体保持良好的关系，增加企业正面曝光率，以此作为促销渠道（Code：使用社会网络。Quotations：2∶4 数字文化传媒公司总经理与某报社签订战略合作协议，探讨在其他领域进行合作的可能性；5∶7 装饰设计公司总经理与飞鱼设计、博乐设计、凸凹设计公司和台州塑料制品厂建立了合作关系，探讨为领域的协作与创新）。第四，管理冲突。对外避免和化解与客户、商业伙伴等的矛盾，对内处理员工之间的冲突（Code：管理冲突。Quotations：5∶20 装饰设计公司总经理总结了一套处理员工冲突的方法，并安排人力资源部将其作为员工培训的材料；1∶7 广告公司总经理为了更容易解决一些被忽视的渠道内冲突隐患，由企业专门设置了冲突管理部门）。第五，建立共识。通过协商与利益相关者求同存异，最终实现双赢（Code：建立共识。Quotations：6∶6 风景园林工程专项设计公司总经理与某金融公司达成战略建立共识，立足本省向全国市场扩展；4∶23 在数字艺术公司总经理的推动下，联合电子商务行业的领袖级企业家共同发起了这一项目）。第六，寻求艺术与商业的平衡。文化企业家自身超越了作为艺术家和文化中介的特质，他们是包含商业和管理技能的文化和商业的复杂结合体。他们需要把创意产品推向市场以获得回报和奖励，但必须强调的是，他们的动机不能只为经济利益。对于他们来说，从事符合职业理想和身份的活动很重要，他们追求艺术层面上的回报，以此满足文化企业家的理想表达和情感需要。因此，商业和艺术两者并存才能呈现文化企业家的价值主体，他们不断地在两者的模糊界限中寻找平衡，从不放弃其中之一（Code：寻求艺术与商业的平衡；Quotations：4∶26 数字艺术公司总经理从不把艺术和商业完全分开，他每天在网上浏览最新的艺趋势和市场动态；5∶10 装饰设计公司创始人被称为"灯光诗人"，不仅因为他是一名出色的设计师，也还因为他能够巧妙地将艺术与商业需求融合在一起）。第七，创新。创新是对创意进行筛选、提炼、开发和商业化，是把创意付诸行动，把创意转化为商业价值和其他价值的过程。创新涉及很多方面，包括市场进入方法、产品、服务、营销、技术使用等（Code：创新。Quotations：2∶7 数字文化传媒公司创始人认为美国经济学家熊彼特把创新说成是"创造性破坏"，这种观点强调了通过不断打破旧有模式来推动进步和发展的重要性；6∶8 风景园林工程专项设计公司看起来与互联网时代格格不入，但总经理仍然把技术创新和数字化工具引入设计和管理流程中）。第八，文化创意资源的开发利用。文化创意资源的开发利用实际上是在文化资源识别的基础上，形成创意产品的过程。此时的创意产品并没有注入足够的帮助通过市场过滤的元素，因此尚未形成真正意义上的具有市场价值的创意商品（Code：文化创意资源的开发利用。Quotations：1∶10 广告公司总经理利用文化资源设计广告，救活了曲阜某酒厂，他把酒名改为"孔府佳酿"，并结合当地历史文化进行宣传；2∶8 数字文化传媒公司创始人利用《西游记》戏曲、电影、传说的影响，为曹县的旅游业策划了一系列主题活动和宣传片）。第九，专业知识与技能。通过行业经验和专业知识积累养成的行为习惯和思维活动（Code：专业知识与技能。Quotations：3∶16 软件开发公司创立之初，所有的程序代码都由创始人亲自编写；4∶24 数字艺术公司创始人从清华大学计算机系毕业后赴美留学，于 1995 年获得麻省理工学院的计算机科学硕士学位）。第十，建立战略合作伙伴关系。小微创意企业出于长期共赢的考虑，需要与其他伙伴在共同利益基础上深度合作，以实现象征资本、社会资本和经济资本的兑换，如文化企业家与艺术家和文化中介的合作等（Code：建立战略合作伙伴关系。Quotations：5∶18 装饰设计公司总经理与某家具公司签署战略计划；2∶10 数字文化传媒公司总经理与七家知名品牌正式达成战略合作）。

三、数字化与互联网形成的虚拟价值网单元领域

数字化与互联网形成的虚拟价值网单元领域包括建立和保持文化声誉和创造性声誉、使用文化声誉和创造性声誉、建立文化企业家品牌、在互联网背景下理解复杂的身份和权利、评估风险、计划、组织、领导、激励、授权、控制、决策、创意人才招聘、商业知识与技能、利用产品造势了解和进入市场、设立和评估目标、战略变革、对战略做预算 18 个胜任力要素，体现了小微创意企业清晰且一致的物理价值网和虚拟价值网，实现了最大化从虚拟和现实的角度向消费者传递价值。虚拟价值网与现实世界的物理价值网并行存在，虚拟价值网对物理价值链网起到改善作用。传统的物理价值网仅仅将信息作为增值过程中的一个支持元素，而不是作为价值的来源。虚拟价值网完全以信息为基础实现新的价值创造，它的各个阶段都允许提取新信息，每一次提取都有可能构成新的产品或服务。在虚拟价值网上，企业可以找到极为合理的方法来向消费者提供高价值的产品。虚拟价值网通过提供更高级别的价值网络集成、信息可见性，以及管理和预测环境变化，在降低消费者的复杂性方面发挥着核心作用。

第一，建立和保持文化声誉和创造性声誉。文化企业家通过建立和保持文化声誉和创造性声誉来积累象征资本。象征资本体现了文化企业家与其他相关者的区别，如积累的信誉、名誉、荣誉和声誉，它为经济资本创造了潜在可兑换性。象征资本的相关形式包括声望、排行榜位置、销售记录、网站点击率、媒体评论、赢得人才竞争、在重要地点或事件中的表现等（Bourdieu and Passeron，1977）。文化企业家不断地结合商业技能与创造力和智慧进行着文化实践，以获得文化资本、社会资本和象征资本（Code：建立和保持文化声誉和创造性声誉。Quotations：1∶3 广告公司总经理非常注重企业声誉的打造，通过企业制度建设把注重声誉融入企业文化和运营流程；6∶15 风景园林工程专项设计公司总经理不是只注重短期交易，而是重视长期合作关系和项目的文化价值）。第二，使用文化声誉和创造性声誉。这两种声誉都能够成功兑换为经济资本（Code：使用文化声誉和创造性声誉。Quotations：4∶22 数字艺术公司总经理抓住中国北京 2008 年成功举办奥运会的机会；1∶5 广告公司总经理在挖掘《西游记》等传统文化素材基础上，与现代艺术思想相结合，推出一系列创新广告作品）。第三，建立文化企业家品牌。文化企业家利用自身在专业领域的声望与积累，有技巧地塑造企业形象与品牌，以帮助提升产品和服务（Code：建立文化企业家品牌。Quotations：2∶1 数字文化传媒公司的官网以创始人及其知名作品为广告宣传，用户可以动态浏览和互动；4∶1 数字艺术公司在网站建立后一直把董事长及其经历作为广告宣传和公司的品牌优势）。第四，在互联网背景下理解复杂的身份和权利。在数字网络背景下，文化企业家需要妥善处理专利权与创作共享、开放性获取创造性资源等看似冲突的利益，从不同的角度看待市场环境带给企业的机遇、挑战和组织运营管理问题（Code：在互联网背景下理解复杂的身份和权利。Quotations：5∶11 装饰设计公司总经理开了八家实体店后不再增设实体店，而是通过手机 App 打通销售渠道和客户服务；2∶22 数字文化传媒公司总经理认为新书出版，特别是出版商每年的重点书目发布，能够有效塑造和引导公众舆论）。第五，评估风险。根据经验提前预判和衡量风险及其影响程度（Code：评估风险。Quotations：4∶7 数字艺术公司总经理通过开展风险评估、建立风险控制手册，有效地防范可能出现的项目失败和财务损失；5∶19 装饰设计公司总经理为了能更好地审议公司风险管理政策与策略，设立了专门的风险管理委员会）。第六，计划。文化企业家对不同资源的分配、运营作出规划，向员工设定工作目标（Code：计划。Quotations：1∶9 广告公司创始人之一，现任人力资源总监认为计划管理是企业管理的基础；3∶12 软件开发公司总经理在 2008 年遇到金融危机，公司有 40% 的项目被迫中止，他通过制定紧急应对计划和调整业务策略，成功带领公司渡过难关）。第七，组织。从公司内外部获取资源并进行有效配置，使各职能部门高效运营，引入或开发帮助公司运营的系统程序，优化公司组织架构。由于小微创意企业的规模特点，组织胜任力对于文化企业家而言尤为重要，他们往往需要直接处理企业资金、合伙人、雇员等问题。比如，文化企业家需要善于组织人力资源，因为他们常常直接与下属合作，而不是像大型企业那样依赖人力资源部门。因此，文化企业家需要具备管理技能和知识，也就是说文化企业家必须善于获取企业内外部的各种人力、技术、财力和物力资源，并有效、系统地进行组织（Code：组织。Quotations：3∶5 软件开发公司总经理简化不必要的组织层级，在公司推行项目制；6∶5 风景园林工程专项设计公司总经理针对组织的日常运作和管理引入办公自动化系统）。第八，领导。文化企业家指引和影响员工应对困难和变化，最终实现企业目标，用个人影响力塑造组织文化（Code：领导。Quotations：3∶29 软件开发公司总经理在内部倡导的"领导力 2000"；4∶8 数字艺术公司总经理在 2014 年对各层次员工进行了有关改造公司战略和目标的培训）。第九，激励。文化企业家基于设计奖励机制、培训、工作环境等，以一定的行为规范和惩戒措施来激发、引导、规范员工行为，以有效地实现企业目标（Code：激励。Quotations：4∶9 数字艺术公司的员工获得公司总经理股权激励并参与分红；3∶13 软件开发公司总经理制定任职资格双向晋升通道的激励政策）。第十，授权。授权是指建立有效的机制和程序，把完成某项任务所必需的权利交给工作人员，并在必要时提供建议和做出决策（Code：授权。Quotations：1：12 广告公司总经理倡导的授权经营模式是开发员工的资源，整合企业内外部各类优势资源；5：13 装饰设计公司董事长认为给客人打折，照传统的思维方式，当然是销售部的职责，但他授权前线员工自主决定折扣策略）。第十一，控制。文化企业家使用各种方法检查工作是否按既定计划和标准进行，各项行为活动是否正常推进，战略实施及战略是否与企业面临的环境和机会匹配，发现偏差及时纠正，以确保企业目标的实现（Code：控制。Quotations：3：14 软件开发公司的产品一直深入用户的心，原因在于公司总经理对产品质量和用户体验的严格把控；6：12 风景园林工程专项设计公司董事长对员工完成任务过程的把握非常严格，同时对员工又非常的关心和支持）。第十二，决策。文化企业家对企业事务作出决定和选择（Code：决策。Quotations：1：38 广告公司在十年前遇到最大发展瓶颈时，董事长决定将重点目标客户转向新兴市场；6：11 风景园林工程专项设计公司总经理借着互联网发展大潮毅然做出利用互联网进行线上营销和客户管理的决定）。第十三，创意人才招聘。小微创意企业以创造力和智力资本为主要输入，创意人才是企业的核心资源，招聘创意人才是企业工作的重中之重。然而，创意人才往往都有特立独行的一面，吸引他们比吸引普通工作人员困难很多，因此该胜任力要素对文化企业家十分重要（Code：创意人才招聘。Quotations：4：38 数字艺术公司总经理每次都参与工程师的招聘面试；5：26 装饰设计公司的设计师招聘工作与其他装饰设计公司的不同之处在于不仅注重专业技能，也重视候选人的创意和创新思维能力）。第十四，商业知识与技能。文化企业家必须具备从事经济事务和开展商务往来需要的知识和技能，如谈判技能、融资技能、财务技能、营销技能等（Code：商业知识与技能。Quotations：1：13 广告公司总经理呼吁人们"打破忙碌"，为生活添置点惊喜与感动的新购物理念；6：13 风景园林工程专项设计公司总经理通过打造"东方之美"的策略和天与空携手，首次将传统美学与现代设计相结合）。第十五，利用产品造势了解和进入市场。文化企业家必须善于利用数字网络和粉丝效应为企业产品造势，最终了解和进入市场（Code：利用产品造势了解和进入市场。Quotations：4：11 数字艺术公司总经理把开发的新游戏先提供给网络上活跃的小部分玩家试玩；1：25 广告公司总经理帮助某婚庆设计公司在官方网站上展示很多婚礼照片，并通过精心设计的婚礼策划案例吸引了大量潜在客户）。第十六，设立和评估目标。文化企业家需要从全局角度设定目标及应变计划，并在采取行动前评估计划，提高其可实现性。目标规划本身可以是正式的书面商业计划，也可以是非正式的过程。文化企业家通过利用、整合现有的竞争范围和企业组织的能力，朝着目标开展行动，该过程实际上是把已确定的目标机会与公司能力相匹配，以在市场上取得成功（Code：设立和评估目标。Quotations：6∶16 风景园林工程专项设计公司董事长认为创业不要一开始就设定宏伟目标，而应从小目标做起，逐步实现和调整；4∶28 数字艺术公司董事长回忆自己的成功经历时说："回想到自己二三十岁时，从设立一个个目标开始，不断评估和调整，最终取得了今天的成就"）。第十七，战略变革。文化企业家根据环境和市场形势的变化，结合环境、战略、组织三者的动态协调性原则及时调整战略，使企业获得可持续竞争优势（Code：战略变革。Quotations：1∶28 广告公司从无到有，短短数十年时间发展成为在当地知名的优秀企业；5∶21 装饰设计公司为了全面进入家具产业，实施60%以上家具的自主设计和生产）。第十八，对战略做预算。根据企业内外部环境，用价值和实物等多种形态反映战略规划，并评估战略实施的财务可行性（Code：对战略做预算。Quotations：5∶22 装饰设计公司创始人将战略目标先分解为年度总预算，再将总预算目标细化到各个部门和项目；2∶25 数字文化传媒公司总经理通过构建战略预算管理体系，将公司战略转化为具体的财务计划和行动方案）。

四、支持胜任力领域

支持胜任力领域虽然不像上述三个胜任力领域一样，直接与小微创意企业推动创意到创新转化的工作行为关联，但它有助于形成或加强前者，成为基本胜任力领域。例如，文化企业家能够从书本、培训、成功或失败的经验中有针对性地学习对自身工作角色起重要作用的知识和技能。支持胜任力领域包括三个胜任力要素：第一，学习。从理论和实践中获得帮助改善工作角色的知识、技能和经验，并进行运用（Code：学习。Quotations：3∶34 软件开发公司总经理具备快速学习的能力，在他做某款线上唱歌软件的过程中，自学了音频处理和用户体验设计等相关知识；4∶36 数字艺术公司创始人针对性的学习能力很强，他在创办某团购网站之前，自学了电子商务和数字营销等相关知识）。第二，自我评估与修正。围绕自己的工作角色、职业生涯、自我形象进行检查和评价，通过这样的自我提高机制来完善自我、发展自我（Code：自我评估与修正。Quotation：6∶24 风景园林工程专项设计公司总经理有互联网焦虑，但他评估了自己的应对策略，积极学习新技术和数字化工具；1∶34 广告公司总经理曾经这样评价自己，"当我认为自己是最聪明最牛的时候，往往就是我需要重新审视和调整自己的时候"）。第三，缓解压力。在面对压力时能够运用各种方法缓解抑郁、焦虑、易怒等不良情绪（Code：缓解压力。Quotations：广告公司总经理曾经对广告业的新趋势感到焦虑，认识到自己的问题后，通过积极学习和寻求专业指导，逐步适应了行业变化；5∶27 装饰设计公司总经理提到，在这个大变革的时代下，许多企业，特别是传统行业的企业，必须通过不断学习和创新来缓解压力）。

五、文化企业家特有胜任力要素及其培养分类

本章使用创意到创新转化价值网的分析框架，为找出更多与文化企业家工作角色相关的胜任力提供了有效的视角，研究最终发现了 14 种文化企业家特有的胜任力要素：文化创意资源识别力、协调和利用艺术、建立并保持文化声誉和创造性声誉、使用文化声誉和创造性声誉、建立文化企业家品牌、寻求艺术与商业的平衡、在互联网背景下理解复杂的身份和权利、艺术品位和艺术敏感性、文化创意资源的开发利用、创意人才招聘、专业知识与技能、利用产品造势了解和进入市场、创建消费者价值共创体系、对艺术守护者角色的承诺。对文化企业家特有胜任力要素的探究是文化创意产业人才队伍建设的基础，对文化企业家特有胜任力的培养是文化创意产业人才队伍建设中十分重要的部分。

企业家胜任力具有双重来源：一是深刻地植根于企业家背景的部分，即人格特质、自我形象、态度、社会角色。二是可以在工作中获得或通过理论、实践学习获得的部分，即技能、知识、经验。前者有时被称为"内在因素"，虽然很难改变，但仍然可以培养，并且需要很长时间的保持才能生效。后者通常被称为"外在因素"，可以通过适当的学习和训练获得，并通过不断的实践生效（Ahmad et al.，2010）。本章绘制了文化企业家特有胜任力要素的培养分类表（见表6-2），为更加全面地分析和了解文化企业家特有胜任力与帮助企业制定发展方案以适应企业环境的需要打下了基础。

表 6-2　文化企业家特有胜任力要素培养分类

特有胜任力要素	起源	领域
文化创意资源识别力	外在因素、内在因素	消费者单元
协调和利用艺术	外在因素	企业单元
建立并保持文化声誉和创造性声誉	外在因素	虚拟价值网单元
使用文化声誉和创造性声誉	外在因素	虚拟价值网单元
建立文化企业家品牌	外在因素	虚拟价值网单元
寻求艺术与商业的平衡	外在因素	企业单元
在互联网背景下理解复杂的身份和权利	外在因素	虚拟价值网单元
艺术品位和艺术敏感性	内在因素	消费者单元
文化创意资源的开发利用	外在因素	企业单元
创意人才招聘	外在因素	虚拟价值网单元
专业知识与技能	外在因素	企业单元
利用产品造势了解和进入市场	外在因素	虚拟价值网单元
创建消费者价值共创体系	外在因素	消费者单元
对艺术守护者角色的承诺	内在因素	消费者单元

资料来源：本书整理所得。

第五节　研究结论与意义

一、研究结论

本章采用探索性多案例研究方法，对小微创意企业实现创意到创新转化价值网下的文化企业家胜任力进行了探析。在消费者单元、企业单元、虚拟价值网单元三个胜任力领域识别了 36 个适用于创意到创新转化任务的文化企业家胜任力要素和三个支持胜任力要素，这三个支持胜任力要素对三个胜任力领域起到改善和加强作用。这项研究中使用的基于创意到创新转化价值网的分析框架，为找出更多的与文化企业家工作角色相关的胜任力提供了有效的视角。本章研究发现了 14 种文化企业家特有的胜任力要素：文化创意资源识别力、协调和利用艺术、建立并保持文化声誉和创造性声誉、使用文化声誉和创造性声誉、建立文化企业家品牌、寻求艺术与商业的平衡、在互联网背景下理解复杂的身份和权利、艺术品位和艺术敏感性、文化创意资源的开发利用、创意人才招聘、专业知识与技能、利用产品造势了解和进入市场、创建消费者价值共创体系、对艺术守护者角色的承诺。除此之外，本章研究的四大胜任力领域中的常规胜任力与前人的研究具有高度的相似性，本章只是进一步证明了它们的有效性，这充分表明文化企业家胜任力以其属性为基础。

本章得出一个概念性模型（见图6-5），模型结果参考小微创意企业实现创意到创新转化价值网的情境和社会定义来讨论。模型的基本原理包括：第一，消费者单元领域。该胜任力领域包括8个胜任力要素：①文化创意资源识别力。②机会评估。③客户管理。④沟通。⑤直觉思维。⑥艺术品位和艺术敏

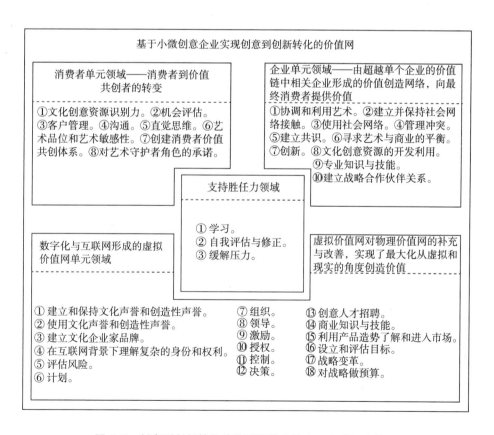

图6-5 创意到创新转化价值网下的文化企业家胜任力模型

感性。⑦创建消费者价值共创体系。⑧对艺术守护者角色的承诺。第二，企业单元领域。该胜任力领域包括 10 个胜任力要素：①协调和利用艺术。②建立并保持社会网络接触。③使用社会网络。④管理冲突。⑤建立共识。⑥寻求艺术与商业的平衡。⑦创新。⑧文化创意资源的开发利用。⑨专业知识与技能。⑩建立战略合作伙伴关系。第三，数字化与互联网形成的虚拟价值网单元领域。该胜任力领域包括 18 个胜任力要素：①建立和保持文化声誉和创造性声誉。②使用文化声誉和创造性声誉。③建立文化企业家品牌。④在互联网背景下理解复杂的身份和权利。⑤评估风险。⑥计划。⑦组织。⑧领导。⑨激励。⑩授权。⑪控制。⑫决策。⑬创意人才招聘。⑭商业知识与技能。⑮利用产品造势了解和进入市场。⑯设立和评估目标。⑰战略变革。⑱对战略做预算。第四，支持胜任力领域。该胜任力领域包括 3 个胜任力要素：①学习。②自我评估与修正。③缓解压力。

二、理论贡献和实践意义

目前，西方和国内学者有关创意的研究主要集中在产业管理层面。具有代表性的英国已经形成了较为完整的创意产业管理研究和教学体系。国内外立足工商管理学科，从产品开发、生产运营等微观管理角度进行系统研究和深入分析的创意管理尚在发展中（杨永忠，2018a）。本章通过文献研究和系统化案例分析，以小微创意企业实现创意到创新转化价值网为基础，深入探析了文化企业家胜任力，立足工商管理学科，从微观管理角度对创意研究进行了分析，不仅拓展了当前关于文化企业家胜任力的学术研究，促进了文化企业家的基础理论发展，而且还丰富了文化经济学、创意管理学的相关理论体系，是对当代管理理论的创新，具有重要的理论意义。

另外，本章研究在小微创意企业推动创意到创新转化价值网的情境下展开，与企业运营实践紧密联系。数据资料来源于真实企业中文化企业家的行为活动，使用专业分析软件对案例数据进行了分析、概念建构、归纳演绎和理论升华。由于胜任力是可以学习的，因此总结出的文化企业家胜任力模型能够帮助文化企业家更具有针对性和指导性地通过改进和发展个人胜任力来实现组织目标。此外，本章为小微创意企业人力资源管理提供了理论支撑和实践指导，成为实施招聘、实习、培训、评估、晋升、奖励、人员规划等工作的一种技术工具，同时对教育机构和相关人员的发展至关重要。

第七章　文化企业家胜任力的
政策分析与建议

第一节　文化企业家利用政策发展胜任力的抑制因素

一、研究目的与文献回顾

在国家发展文化创意产业、把文化产业作为现代产业发展新亮点的背景下，创意企业的生存环境得到不断优化。然而，数据显示，截至 2023 年占文化企业总数 98% 以上的小微创意企业营业收入为 4.7588 万亿元，占文化企业营业收入的 51.9%，小微文化企业平均营业收入为 485.4 万元，仍低于全国文化企业 1075.9 万元的平均水平（中华人民共和国国家统计局，2023）。由文化企业家执掌的小微创意企业在识别和获取关键性资源、产品运营、管理等方面出现了令人费解的薄弱态势，这对创意企业的构成主体及经营这些主体的文化企业家利用政策发展胜任力提出了严重的质疑。

本章从抑制因素的角度探讨文化企业家利用政策发展胜任力的情况，关注的是文化企业家积极寻求，但难以获得的政策支持的抑制因素。在研究过程中，本章回答了以下问题：是什么构成了文化企业家利用政策发展胜任力的抑制因素，这些抑制因素的作用机制是什么？以往研究集中于两个方面：一是围绕小微创意企业相关政策进行分析，二是围绕文化企业家的各类政策需求及相关制度支持进行分析。研究者从地方小微创意企业视角评价国家政策，指出国家政策对特殊地区小微创意企业的不适用性（Bill，2004）。Buckley（2016）和 Vega（2015）用贡献分析法评价了他们国家小微创意企业接受政策支持的情况，并提出具体改进方式，以提高政策执行效果。Cook（2012）分析了小微创意企业恢复的资源基础，提出政府政策扶持应集中于小微创意企业的绩效提升，包括管理变革、现金生成、市场重新定位、削减成本和裁员等方面的培训支持。胡正福（2014）揭示了我国小微创意企业发展的障碍，并提出涉及管理技能培养及金融支持的政策体系。张铮和熊澄宇（2016）在分析目前小微创意企业在中国文化产业中的重要作用后，提出了新的针对小微文化企业的支持政策。研究指出虽然政府把推动创意产业发展作为一个优先事项，为其搭建了有利的政策环境，但是获得足够的资源可能成为企业家职业发展的负担。在资源充足的情况下，企业家可能会寻求维持现状和保护现有职位，从而变得内向，不愿意冒险追求市场机遇。文化企业家的能力和感知资源可获得性之间的适当匹配更为重要（Chang and Chen，2020）。此外，在制度空白的情况下，具有不同能力和特征的当地创意企业和文化企业家在影响特定行业制度的设计方面也存在很大差异，小微创意企业的影响力非常微弱（Gong and Hassink，2019）。笔者对文献回顾后发现，之前学者多是分析创意企业和文化企业家本身的政策需求，以及这些政策的制度支持问题，少有学者关注文化企业家在利用政策发展自身胜任力时遭遇的抑制因素。为了回答这一问题，本章在理论整合的基础上，一方面探究文化企业家利用政策发展胜任力的抑制因素；另一方面分析这些抑制因素的作用机制。

二、理论基础

在高度不确定的环境中，企业面临的问题大多是非结构化的，无法通过简单模仿或沿袭旧方法来解决的问题，需要决策者根据对环境的认知并结合个人的判断做出决策（约瑟夫·熊彼得，1990）。另外，在一个难以把握和快速变化的任务环境中，企业行为会因企业家组织、处理信息的习惯与偏好不同而有较大差异（Barney and Barney，1991）。企业家处于组织结构的金字塔顶端，发起和主导企业行为，其认知与企业发展的各个层面紧密相连。文化企业家利用政策发展自身胜任力，能够有效解决企业面临的融资困难、品牌营销缺乏、企业经营管理能力弱和人才匮乏等问题，对企业的经营起到重要的引导和决定作用。鉴于之前的研究未能予以相关内容足够的关注，本章对影响文化企业家、小微创意企业、胜任力相关政策三者关系的理论基础进行分析。

首先，资源基础理论认为企业是"资源的集合体"（Wernerfelt，1984）。企业可持续竞争优势主要来源于那些高价值性、稀缺性、不可替代性和难以模仿性的资源，而企业的卓越业绩最终取决于对有竞争力的稀缺资源的巧妙配置（Grant，1991）。本章以资源基础理论为指引，把文化企业家胜任力和外部发展的重要因素（利用政策发展胜任力）纳入同一框架进行探讨。在资源基础理论框架下，文化企业家以其特有的创新精神、冒险精神，以及其在企业中的决策地位，通过充分发挥自身的胜任力，不断推动创意到创新转化，形成动态的资源转化和配置机制，在变化的环境中把企业内外部资源转化为企业自有的竞争优势。

其次，互动理论模型下的文化产业政策与文化企业家。美国学者 M. N. 麦克拉夫林（Milbrey Wallin MoLaughlin，1976）在其代表作《互相调适的政策实施》中构建了相互调适模型，他指出有效的政策执行有赖于成功的互相调适过程。相互调适模型的逻辑认定：①政策执行者与受影响者的需求和观点并不完全一致，基于双方在政策上的共同利益，彼此可通过说明、协商、妥协等达成双方都接受的政策执行方式。②受影响者的利益和价值取向将反馈到政策上，从而影响政策执行者的利益和价值取向，如图7-1所示。相关政策是否能够有效支持文化企业家胜任力的培养和发展，还取决于互动理论模型下的政策实施，该过程如果出现障碍，将会导致抑制因素的产生。

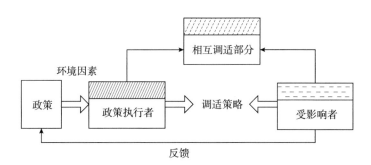

图7-1　政策执行互适过程

三、研究设计与方法

第一，方法与案例选择。现有的理论很难解释文化企业家利用政策发展胜任力的抑制因素及其作用机制。为了更好地把握其内在机理和影响机制，建立和拓展理论，本书选择多案例对比研究的方法（Eisenhardt，1989），以期通过反复验证来增加探索性案例研究的有效性（罗伯特·K. 殷，2010）。

选择音乐产业内的企业作为案例企业，原因主要有以下三点：①2018 年中国音乐产业市场总规模达到 3747.85 亿元，同比增长 7.98%，连续三年高于同期 GDP 增速。音乐产业已成为拉动文化产业发展的重要引擎[①]；②小微音乐企业没有足够的资源，不能像大的唱片公司那样通过演出等其他渠道对亏损的音乐制作业务进行交叉补贴。作为音乐产业提供多样性和创新性的主体，企业在面对我国发展潜力巨大的音乐产业市场时，本应该如沐春风。然而，企业家们在面对传统唱片市场萎缩、原创匮乏、侵权盗版严重、产业链各环节利益分割不合理、法律体系不完善等种种挑战时暴露了应对能力低下的胜任力缺乏问题，影响了动态的资源转化和配置机制，无法在变化的环境中把企业内外部资源转化为企业自有的竞争优势，导致企业生存和发展的资源匮乏，无法正常推动创意到创新转化。相较于文化产业其他领域的小微创意企业，音乐领域更能显现文化企业家利用政策发展自身胜任力的过程中存在的抑制因素及其作用机制；③通过分析典型行业的文化企业家利用政策发展胜任力的过程，能够更详细和准确地了解这一过程。Eisenhardt（1989）提出最合适多案例研究方法的案例数量为 4~8 个，而罗伯特·K. 殷（2010）指出的合适数量为 6~10 个。因此，根据研究问题和所涉及的理论领域，本书选择六家企业进行研究。笔者在选择案例企业时充分考虑了信息的可获得性和企业的代表性，从而提高了信息的可信度和充裕度。表 7-1 为案例样本的描述性信息。

表 7-1　案例企业介绍

企业	卡拉 OK 企业（A）	乐器 企业（B）	音乐教育 企业（C）	数字音乐 企业（D）	音乐演出 企业（E）	音乐原创 企业（F）
成立时间（年）	2002	2015	2012	2017	2014	2005
员工总数（人）	28	35	12	7	33	8
主营业务	歌舞厅 娱乐活动	乐器制造与 销售	美术、舞蹈、 音乐辅导服务	数字音像 制品出版	文艺创作与 表演	音像制品 出版

资料来源：本书整理所得。

第二，数据收集。使用多来源数据进行三角验证可以提高效度和信度

---

① 《2019 中国音乐产业发展报告》发布 ［EB/OL］. ［2019-11-08］. http://www.ce.cn/culture/gd/201911/08/t20191108_33565645. shtml.

（Miles and Huberman，1994）。①通过访谈文化企业家、企业高层管理者和对案例企业进行实地观察获得一手资料。访谈完毕以后，以电话、邮件、微信等方式补充、核对和整理信息。另外，还可通过文献和企业相关的二手资料收集数据。表7-2为案例企业的资料来源。②建立案例企业研究资料库。案例企业研究资料库包括一手调研获得的企业内部材料、访谈录音、调研笔录，以及整理后的其他途径收集的二手资料。

表7-2　案例企业资料来源

企业	访谈者				数据源概述（来源及内容占比）		
	职务	年龄（岁）	性别	学历	访谈（文字和录音，占比60%）	实地观察（直接观察、参与性观察，占比20%）	二手数据（文件、档案记录、年度总结、新闻、行业分析报告、文献成果，占比20%）
A卡拉OK企业	总经理	46	男	本	2次	直接观察2天，参与性观察1天	行业分析报告、年度总结、月度会议记录
	运营总监	38	男	本	1次	直接观察1天，参与性观察1天	
B乐器企业	总经理	39	女	本	2次	直接观察2天，参观专卖店1天	企业官网信息、品牌体验描述、新闻和博客、年度总结
	行政人力总监	35	女	本	2次	直接观察2天，参与性观察1天	
C音乐教育企业	总经理	33	男	硕	2次	直接观察2天，参与性观察1天	公司网站信息、文献成果、社交媒体的帖子、年度总结、行业分析报告
	核心教师	27	女	本	1次	直接观察1天，参与性观察1天	
D数字音乐企业	总经理	32	男	本	1次	直接观察1天，参与性观察1天	公司官网信息、社交媒体帖子、行业分析报告、年度总结、项目会议记录、公司使用的交易平台信息
	技术总监	25	男	本	1次	直接观察1天，参观项目现场1天	
E音乐演出企业	总经理	35	女	本	2次	直接观察1天，参与性观察1天	公司官网信息、公司内部文件资料、内部工作计划与总结、项目会议记录
	运营总监	31	男	本	1次	直接观察1天，参与性观察1天	

企业	访谈者				数据源概述（来源及内容占比）		
	职务	年龄（岁）	性别	学历	访谈（文字和录音，占比 60%）	实地观察（直接观察、参与性观察，占比 20%）	二手数据（文件、档案记录、年度总结、新闻、行业分析报告、文献成果，占比 20%）
F 音乐原创企业	总经理	29	男	本	2 次	直接观察 1 天，参与性观察 1 天	公司官网信息、内部会议资料、媒体文章、行业分析报告、文献成果、内部工作计划与总结
	创作人	24	男	本	2 次	直接观察 1 天，产品体验 1 天	

资料来源：本书整理所得。

　　第三，数据分析方法与编码。本书采用案例内分析和案例间分析，将过程分为数据缩减、数据陈列、下结论及验证三个阶段（Eisenhardt，1989；Gersick，1994；Miles and Huberman，1994）。首先，使用数据缩减和数据陈列，通过已确定的编码方案对小微创意企业、文化企业家、文化产业政策和文化产业政策利用进行编码和归档。其次，把六个案例企业的各个变量作案例间对比和分析，清晰描述出三个变量的定义及其相互关系。最后，通过案例内分析和案例间分析结果提出若干研究命题。对受访者文本资料进行编码，六个企业的深度受访者被标号为 A、B、C、D、E、F。对文化企业家利用政策发展胜任力的抑制因素进行编码时，以本书所开发的调查问卷为参考，以分析受访者所提供的与抑制因素有关的访谈内容。其他变量则以研究文献中的变量定义为参考点来分析受访者的谈话内容。表 7-3 列举了所采取的数据编码方式。

表 7-3　数据编码例句

编码分类	受访者例句或事例
文化企业家发展胜任力的需求与政策内容的互适性	总经理谈道："想要创建以三国文化为主题的特色体验店，但不知道在品牌注册方面有哪些禁忌，会不会对传统文化造成侵权？参加行业协会活动时得知政府有品牌注册的相关培训课程，所以准备去参加"（A 卡拉 OK 企业）

编码分类		受访者例句或事例
文化产业政策执行网络	文化企业家组织化	经理认为这类活动很多流于形式，对企业发展的作用不大，所以从未参加类似活动（B乐器企业）
	政策执行机构	政府政策信息公布的途径是官网和新闻发布会，缺少对政策本身和实施细则的解释和针对企业的培训，有的政策缺乏具体的制度支持（地方政府）
文化产业政策环境	文化企业家政策利用意愿	总经理很希望能够利用政策发展自身胜任力，如利用产品造势了解和进入市场，但不知道从哪里获得政策信息和如何填报培训申请资料，觉得成功申获培训资格的可能性很小（C音乐教育企业）
	文化产业政策导向	把已有成绩作为申获政策的准入标准，忽视初创文化企业的特点（地方政府）

资料来源：本书整理所得。

四、案例分析与主要发现

第一，案例内分析。为了案例间变量关系的解构和重构，笔者构建了包括胜任力发展需求与政策内容的互适性、政策执行网络、政策环境和文化企业家利用政策发展胜任力情况的结构化和编码化的数据信息。

胜任力发展需求与政策内容的互适性。在案例分析过程中笔者发现，文化企业家存在识别和开发利用文化创意资源、利用产品造势了解和进入市场、寻求艺术与商业的平衡三种主题的胜任力发展需求，如表7-4所示。笔者对2011年及以后的文化产业政策进行回顾，把这些政策分为国家制定和地方制定两种。其内容主要包括金融服务政策、税收政策、人力资源政策、企业管理咨询政策和小微创意企业发展平台建设政策。然而，由于政策实行还是传统的"上令下行"单向流程，文化企业家和政策执行者双方的互适过程缺失，未建立起交流反馈机制，因此识别和开发利用文化创意资源、寻求艺术与商业的平衡等胜任力发展需求未能很好地和政策形成互适，如表7-4和表7-5所示。

表 7-4　文化企业家胜任力发展需求

企业	政策需求主题	典型证据
A 卡拉 OK 企业	利用产品造势了解和进入市场	KTV 总经理：准备进行品牌注册，用于今后授权连锁店，所以希望获得相关知识的培训
B 乐器企业	识别和开发利用文化创意资源	公司销售经理：为了树立品牌，公司投入大量精力用于传统古乐器的研发和生产，但无奈消费者虽然对古乐器有很大需求，但对公司的产品满意度很低，对公司的冲击很大。我需要一些帮助来解决公司面临的这些问题
C 音乐教育企业	寻求艺术与商业的平衡	负责人：公司已实现网络授课，网络授课收益最大的部分就是对名作的改编，把流行元素加入名家名作，许多年轻人非常喜欢，如对《西游记》主题曲的摇滚改编。但是，改编的法律界限和操作依据存不存在？改编曲目能否作为教学内容？政府有没有相关的指导和培训
D 数字音乐企业	利用产品造势了解和进入市场	公司经理：目前数字音乐市场火爆，业务量大。一方面公司需要扩大产品范围，另一方面我也需要大量关于消费者偏好的大数据分析，以便我在了解市场的基础上帮助公司产品更好地进入市场。公司经理渴望得到利用产品造势了解和进入市场的相关胜任力的提升
E 音乐演出企业	利用产品造势了解和进入市场；寻求艺术与商业的平衡	公司经理：一场音乐演出需要多个部门配合，涉及人员多、开销大，如果能有针对各个地区观众偏好的大数据分析，就能更好地组织产品进入市场，这样就能保证票房，毕竟门票收入是公司的主要收入来源。另外，我需要寻找新的商业模式，既能保证公司产品的艺术价值，又能更好地适应新兴市场。这样公司才能够进入票房稳定、产品更新的良性循环
F 音乐原创企业	寻求艺术与商业的平衡	公司经理：2015 年因版权问题诉诸法律，纠纷至今还在审理，其间公司损失惨重。此外，原创音乐人的收入非常低，利润大部分都被公司和歌手分了，导致原创音乐人的热情不高，好的音乐作品越来越少。我需要更多地改进关于知识产权和商业模式的胜任力

资料来源：本书整理所得。

表 7-5　文化企业家胜任力发展需求与政策内容的互适性

企业	A 卡拉 OK 企业	B 乐器企业	C 音乐教育企业	D 数字音乐企业	E 音乐演出企业	F 音乐原创企业
文化企业家胜任力发展需求	利用产品造势了解和进入市场	识别和开发利用文化创意资源	寻求艺术与商业的平衡	利用产品造势了解和进入市场	利用产品造势了解和进入市场；寻求艺术与商业的平衡	寻求艺术与商业的平衡

续表

企业		A 卡拉 OK 企业	B 乐器企业	C 音乐教育企业	D 数字音乐企业	E 音乐演出企业	F 音乐原创企业
文化产业政策内容及问题	国家	涉及金融、税收、企业管理咨询、小微创意企业发展平台建设 问题：受影响者的胜任力发展需求和价值取向的反馈机制不健全，政策实际并没有完全支持企业家的胜任力发展需求					
	地方	涉及金融、税收、企业管理咨询、小微创意企业发展平台建设 问题：受影响者的胜任力发展需求和价值取向的反馈机制不健全；大部分政策为行政法规，甚至文件、通知，缺少具体的可执行的制度支持					

资料来源：本书整理所得。

文化产业政策的执行网络包括文化企业家的组织化程度和政策执行机构。组织化可以促使产业内企业之间资源合理配置，形成信息和知识共享的联盟体系和相互学习培训的机制，进而构筑互惠共生的整体框架，形成文化企业家利用政策发展胜任力的合理路径。在案例企业中，B、C 和 F 企业从未参加过任何行业协会或联谊组织的活动，组织化程度低；E 企业偶尔参加活动，组织化程度中等；A 和 D 企业定期参加活动，组织化程度高；如表 7-6 所示。目前，文化产业政策执行机构比较单一，与企业家相关组织未能充分形成信息交互网络；中央、地区政府和企业并未同步重视文化企业家利用政策发展胜任力的问题，并未从各个层面形成多元化和网络化的信息沟通机制，以及与政策配套的政策执行软支持；当地缺少针对企业家的政策解释培训会，没有配置负责政策执行的指导专员，对政策需求方各经济团体的关系协调不够；企业家对政策的认知有限、利用意识薄弱。六家受访企业的企业家都不具备良好的政策争取和利用习惯，如表 7-7 所示。

表 7-6　文化企业家的组织化程度

企业	组织化程度	典型证据
A 卡拉 OK 企业	高	KTV 总经理：起初定期参加行业协会活动，一方面为了与同行交流，了解行业趋势；另一方面为了结交更多人脉，扩大销售。后来偶然发现在协会中可以了解政策信息，并且得到协会帮助，最终参加政府组织的培训，于是开始定期参加活动

续表

企业	组织化程度	典型证据
B 乐器企业	低	乐器企业经理：这类活动很多流于形式，从来没有听说可以从中获得政策信息，并得到相关帮助。与其参加这些活动，不如下功夫自我提升和打造销售团队，这对提高企业的竞争力才是重要的
C 音乐教育企业	低	培训中心负责人：现在音乐培训行业竞争激烈，我们将重心放在特色化课程上。行业协会或其他类似活动没有参加过，一是考虑经费投入；二是认为这些活动无非是经验交流或者探讨发展之类的，各家有各家的专长，很多经验也没有适用性
D 数字音乐企业	高	公司经理：一开始参加联谊活动是因为可以遇到志同道合的企业，并且建立合作关系。今年有四个共同合作的音乐项目，都是通过参加联谊活动签下的。后来听其他企业介绍相关政策信息和自身利用政策发展胜任力的经验，觉得非常有用，于是要求公司高管和自己定期参加
E 音乐演出企业	中等	公司经理：偶尔参加协会活动或企业联谊活动，一来是学习经验，看看其他演出公司是如何开拓市场和策划演出的；二是多认识圈内的朋友，多为公司引入有利的演出资源，帮助公司争取更多的演出机会。偶尔也有一些政策信息，但好像对自身胜任力的改进没有帮助
F 音乐原创企业	低	公司经理：2013 年公司花重金打造的音乐原创专辑还未投放取得预期效益，各种盗版就充斥市场，使公司损失惨重。我们非常渴望政府和有关部门给予知识产权和版权方面的相关培训，严厉打击盗版行为。至于行业协会活动和企业联谊活动，没有得到过通知，也不知道哪里参加

资料来源：本书整理所得。

表 7-7　政策执行机构

政策执行机构	问题
中央	在实际操作过程中，中央、地区政府和企业并未同步重视文化企业家利用政策发展胜任力的问题，并未从各个层面形成多元化和网络化的信息沟通机制，以及与政策配套的政策执行软支持
地区政府	缺少政策解释培训会；未配置负责企业政策执行的指导专员；未能全面协调胜任力发展需求方与各经济团体的关系

资料来源：本书整理所得。

　　文化产业的政策环境。政策环境，是指影响公共政策形成、存在和发展的一切因素的总和（钱再见，2007）。本书没有分析政策环境的所有要素，只是基于相互调试理论分析了直接影响文化企业家利用政策发展胜任力的政策环境，它包括企业家的政策利用意愿和文化产业政策导向。社会文化环境是政策环境的重要组成要素，决定着政策制定和实施可能面对的总的社会状况和文化状态，是一个国家或地区的教育、科技、道德、意愿等的总和。文化企业家的政策利用意愿作为社会文化环境的重要因素，决定着企业面对的政策环境。从案例企业家的利用意愿调查中发现，企业家的政策观念需要转变。由于从前经历了政策利用的失败，因此企业家大多数疏于政策信息的留意与政策争取，普遍存在对政策利用成功的信心缺失问题。在案例企业中，所有企业家的政策信息获取意愿都表现为强，原因是希望自己在胜任力改进方面得到政府帮扶。在资料多次修改与提交意愿及原因方面，A 和 D 企业的企业家表现为意愿强，主要是因为行业协会和企业联谊会能够给予指导；B、C、F 企业的企业家表现为意愿弱，主要原因是不知道如何修改和从哪里寻求帮助。在成功利用政策发展自身胜任力的信心调查中，A 企业的企业家信心强，原因是有利用政策发展胜任力的经历；D 企业的企业家有中等信心，原因是有申请资料提交的经历；B、C、E 企业的企业家表现为信心弱，原因是有利用政策发展胜任力失败的经历；F 企业的企业家也表现为信心弱，主要原因是不知道从哪里获得政策支持，如表7-8 所示。在国家层面，政策安置多于政策激励；在地方层面，把企业已有的业绩作为获取政策的重要准入标准，未能足够包容初创型和成长型企业家的冒险精神和创新精神，如表7-9 所示。

表 7-8　案例企业文化企业家利用政策发展胜任力意愿

企业	利用政策发展胜任力意愿及原因	资料多次修改与提交意愿及原因	成功利用政策发展胜任力的信心及原因
A 卡拉 OK 企业	意愿强。企业家表示很希望得到政府的帮扶	意愿强。行业协会能够对资料的填写和修改给予指导	信心强。有成功利用政策改进胜任力的经历
B 乐器企业	意愿强。企业家表示很希望得到政府的帮扶	意愿弱。不知道到哪里寻求帮助	信心弱。有失败经历
C 音乐教育企业	意愿强。企业家表示很希望得到政府的帮扶	意愿弱。不知道如何修改和从哪里寻求帮助	信心弱。有失败经历
D 数字音乐企业	意愿强。企业家表示很希望得到政府的帮扶	意愿强。企业联谊组织能够对资料填写给予指导	信心中等。有政策申请资料提交的经历
E 音乐演出企业	意愿强。企业家表示很希望得到政府的帮扶	意愿中等。不知道如何修改和从哪里寻求帮助	信心弱。有失败经历

企业	利用政策发展胜任力意愿及原因	资料多次修改与提交意愿及原因	成功利用政策发展胜任力的信心及原因
F 音乐原创企业	意愿弱。企业家表示不知道政府可以帮扶	意愿弱。不知道到哪里寻求帮助	信心弱。不知道从哪里获取政策信息

资料来源：本书整理所得。

表7-9　文化产业政策导向

	政策导向	问题
国家	政策安置多于政策激励	不仅要有务实观念，更需要有容忍创新与失败的观念
地方	把已有业绩作为企业家获得政策的重要准入标准	不仅要有务实观念，更需要有容忍创新与失败的观念

资料来源：本书整理所得。

　　在企业家利用政策发展胜任力的情况方面，除了 A 企业的企业家有成功利用政策发展胜任力的经历和 D 企业的企业家有申请政策失败经历意外，其他四家企业全部没有利用政策发展胜任力的经历，如表7-10 所示。

表7-10　文化企业家利用政策发展胜任力情况

企业	政策信息获取途径	利用政策发展胜任力情况	文化企业家关于政策利用的建议
A 卡拉 OK 企业	从行业协会分发的资料中获取	成功申获《国务院办公厅关于印发文化体制改革中经营性文化事业单位转制为企业和进一步支持文化企业发展两个规定的通知》的相关支持	希望能够有渠道向政府反馈自己的胜任力发展需求；设立关于政策解读、政策申请的培训辅导机构
B 乐器企业	不知道从哪里获取	无政策利用经历	希望政府增加政策信息的宣传途径；设立关于政策解读、政策申请的培训辅导机构
C 音乐教育企业	不知道从哪里获取	无政策利用经历	希望政府增设政策信息的宣传途径；设立关于政策解读、政策申请的培训辅导机构
D 数字音乐企业	从企业联谊组织分发的资料中获得	申请《关于大力扶持小型微型企业发展的实施意见》相关支持失败	希望政府设立关于政策解读、政策申请的培训辅导机构

续表

企业	政策信息获取途径	利用政策发展胜任力情况	文化企业家关于政策利用的建议
E 音乐演出企业	从企业联谊组织分发的资料中获得	正在对政策进行梳理	希望能够有渠道向政府反馈自己的胜任力发展需求；希望政府增设政策信息的宣传途径；希望政府设立关于政策解读、政策申请的培训辅导机构
F 音乐原创企业	不知道从哪里获取	无政策利用经历	希望能够有渠道向政府反馈自己的胜任力发展需求；希望政府增加政策信息的宣传途径

资料来源：本书整理所得。

第二，案例间分析。以每个样本企业的数据描述分析为基础，各要素从高到低依次排列：好—较好—中—较差—差，行业内领先水平为"好"，略高于行业平均水平为"较好"，与行业平均水平相当为"中"，略低于行业平均水平为"较差"，在行业内处于落后水平为"差"。其中，政策执行网络和政策环境都分别包含两个影响因素，笔者进行了划分，如表 7-11 所示。

表 7-11　文化企业家各要素与文化产业政策各要素的汇总与编码

变量		A 卡拉 OK 企业	B 乐器企业	C 音乐教育企业	D 数字音乐企业	E 音乐演出企业	F 音乐原创企业
文化企业家胜任力发展需求与文化产业政策内容的互适性		好	较差	较差	好	较好	差
文化产业政策执行网络	文化企业家的组织化程度	好	差	较差	好	中	差
	政策执行机构	中等	较差	较差	中等	中等	较差
文化产业政策环境	企业家利用政策发展胜任力意愿	好	较差	较差	较好	中	差
	政策导向	中等	较差	较差	中等	中等	较差
企业家利用政策发展胜任力情况		好	较差	较差	较好	中	较差

资料来源：本书整理所得。

在文化企业家发展胜任力需求和政策内容互适性与政策利用方面，通过六个案例企业的横向对比分析，笔者发现发展胜任力需求和政策内容互适性越低，企业家的政策利用效果越差，两者呈正相关关系。政策执行者与受影响者基于两者在政策上的共同利益，尽管需求和观点并不完全一致，但只要双方达成互适，就能够实现高效的政策利用；反之则形成抑制。在案例企业中，C和F企业发展胜任力需求和政策内容的互适性差，两个企业的政策利用效果也较差。两家企业都有寻求艺术与商业平衡的胜任力发展需求，但没有相对应的政策支持。基于以上案例与理论相结合的分析，本书提出：

命题1：文化企业家发展胜任力需求和文化产业政策内容的互适性低，是文化企业家利用政策发展胜任力的抑制因素。

在文化产业政策执行网络与文化企业家利用政策发展胜任力方面，笔者发现政策执行网络的缺失，对文化企业家利用政策发展胜任力有显著的负向作用。政策执行网络包含企业本身和政策执行者双重因素，能够有效地从内、外两方面解决问题，由此大大激发文化企业家利用政策发展胜任力的动力。文化企业家组织化程度对其利用政策发展胜任力的促进作用，是通过帮助企业家获得政策信息，以及在申请政策过程中给予经验介绍等方式来实现的。一方面，行业协会或企业联谊会作为企业家与政府沟通的中间机构，就其本身所处的位置来看，能够比企业更加准确、全面、有效地收集政策信息，成为企业家获得政策信息的主要途径。另一方面，在参与活动时，通过与其他企业家交流，获得在政策申请过程中解决问题的经验，加大了成功申获政策的可能性。政策执行机构对文化企业家利用政策发展胜任力的促进作用，是通过政策信息的公布、解释和指导，增强企业家对政策的认知和政策利用的意识来实现的。在调查研究中，政策执行机构的设置情况均处于中下水平，虽然官方网站上实时发布政策信息，但对政策的解释和指导内容相对较少。政府和企业未从各个层面形成多元化和网络化的信息沟通机制，以及与政策配套的执行软支持。基于以上案例与理论相结合的分析，本书提出：

命题2：文化产业政策执行网络的缺失是文化企业家利用政策发展胜任力的抑制因素。

命题2a：文化企业家组织化程度低下抑制政策利用效果的提升。

命题2b：文化产业政策执行机构的建设不利抑制政策利用效果的提升。

在文化产业政策环境与企业家利用政策发展胜任力方面，笔者发现政策环境的优化缺失，对文化企业家利用政策发展胜任力有显著的负向作用，并且受发展胜任力需求与政策内容互适性和政策执行网络的影响。政策环境包括文化企业家利用政策发展胜任力的意愿和文化产业政策导向。两者作为影响企业家利用政策的内在和外在因素，共同作用于企业家。文化企业家利用政策发展胜任力的意愿低下对政策利用效果具有抑制作用，并受发展胜任力需求与政策内容互适性和政策执行网络的影响。一方面，政策利用意愿越弱，企业家去了解和争取政策的动力越小，即使在争取政策过程中没有遇到困难，也可能轻易放弃，从而对政策利用产生负向作用。另一方面，利用政策发展胜任力意愿受到需求满足、政策信息获取、政策申获帮扶等需求与政策内容互适性和政策执行网络的影响。在案例企业中，A 和 D 企业的企业家政策利用意愿表现为好和较好。A 企业经理表示，"我们也曾遇到递交政府部门的申请资料不合格的情况，行业协会相关人员帮助修改后就通过了。" B、C、F 企业的企业家政策利用意愿分别为较差、较差和差。企业家表示，"我们都希望得到政府的政策支持，只是不知道从哪里获取政策信息，也不清楚如何申请政策。" 这三家企业的政策利用效果都不佳。文化产业政策导向的优化缺失对文化企业家利用政策发展胜任力具有抑制作用，并且影响企业家政策利用意愿。目前的文化产业政策安置性质多于激励性质，把已有业绩作为文化企业家获得政策的重要准入标准。一批初创的还没有成绩的企业家不得不与申请政策失之交臂。这在一定程度上对文化企业家的政策利用意愿产生了消极影响。E 企业家谈道："许多政策是要有业绩才能申请获的，像我们这样的初创企业没有机会"。基于以上案例与理论相结合的分析，本书提出：

命题 3：文化产业政策环境的优化缺失是文化企业家利用政策发展胜任力的抑制因素。

命题 3a：文化企业家政策利用意愿低下对其利用政策发展胜任力具有抑制作用，并受发展胜任力需求与政策内容互适性和政策执行网络的影响。

命题 3b：文化产业政策导向的优化缺失对文化企业家利用政策发展胜任力具有抑制作用，并且影响企业家政策利用意愿。

五、结论与讨论

本书运用探索性案例研究方法，探析了影响文化企业家利用政策发展胜任力的抑制因素及其作用机制，选择六个有代表性的典型案例进行案例内分析和案例间分析，通过横向和纵向对比，识别了三个主要抑制因素，并得出了两个概念性模型（见图7-2和图7-3）和相关命题。本书发现如下三个主要结论：第一，文化企业家发展胜任力需求和文化产业政策内容的互适性低是文化企业家利用政策发展胜任力的抑制因素。互适性越低，政策利用效果越差，两者呈正相关关系。第二，文化产业政策执行网络的建设缺失是文化企业家利用政策发展胜任力的抑制因素。执行网络的建设对政策利用有显著的正向作用。从研究中可以看出，文化企业家的组织化程度和文化产业政策的执行机构相辅相成，从内、外两方面有效影响文化企业家政策利用动力的全过程：一方面，文化企业家的组织化通过帮助其获得政策信息，以及在政策申请过程中给予经验介绍等方式促进政策利用；另一方面，政策执行机构通过政策信息的公布、解释和指导，增强企业家对政策的认知和政策利用的意识，从而影响政策利用。第三，文化产业政策环境的优化缺失是文化企业家利用政策发展胜任力的抑制因素。政策环境恶化对政策利用有显著的负向作用，并且受胜任力发展需求与政策内容互适性和政策执行网络的影响。一方面，文化企业家政策利用意愿与企业家利用政策具有正相关关系，并受发展胜任力需求与政策内容互适性和政策执行网络的影响。另一方面，政策导向的恶化对政策利用具有抑制作用，并且影响政策利用意愿。

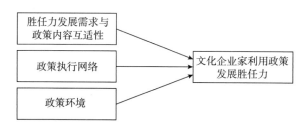

图7-2　文化企业家利用政策发展胜任力的抑制因素和作用机制

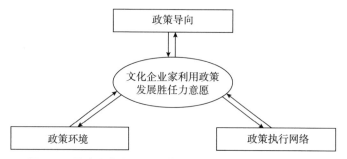

图7-3　影响文化企业家政策利用意愿的因素和相互关系

本书主要包括两个方面的理论贡献。第一是对文化企业家研究的贡献。现有研究主要关注文化企业家的特质和管理能力（Liu et al.，2011）。事实上，文化企业家通过政策途径发展自身胜任力并最终帮助企业也至关重要。第二是对文化产业政策利用的研究贡献。首先，本章阐述了抑制因素相互关联的多层次功能，对三种类型的抑制因素如何以直接和间接的方式共同影响文化企业家利用政策发展胜任力提供了新的理论见解。其次，根据研究结果，本章强调了具体的政策含义，这些政策含义为通过改善抑制因素来促进和鼓励文化企业家利用政策发展胜任力提供了一种更全面但更分散的方法。最后，目前对文化产业政策的研究多选用自上而下的史密斯政策执行模型和霍恩—米特模型，少有选取既考虑政策制定者和执行者，又考虑政策受影响者的互适模型。由于我国文化产业发展尚处于新兴阶段，与国外文化产业发展有共同之处，也存在明显差别。政府需要根据我国自身的特点不断探索和形成有效的产业政策。在这种情况下，选择互适模型更有利于政策的制定与修正。

第二节　政策建议

创意产业是一类新兴产业，通过在相关服务和制造部门创造经济和就业利益，促进社会包容、文化多样化、创收、贸易和创新，在过去数十年里对全球经济作出了巨大贡献。创意产业的核心是文化企业家，其成功很大程度上取决于文化企业家的才能和行为。文化企业家非常渴望通过各种途径不断改进自身胜任力，以获得职业成就。这种改进与政策的互动是一个动态的、复杂的过程，强烈影响着文化企业家对一系列政策效果的解读。如果文化企业家无法获得改进胜任力所需的政策支持，那么他们利用自己的艺术和创意敏感度来发现机会，并提供创意产品、服务或经验的结果可能会不理想，从而从根本上影响创意企业实现创意到创新转化。因此，本章在理解抑制因素对文化企业家胜任力发展的相互关联的多层次作用的基础上，就文化企业家如何减轻利用政策发展胜任力抑制因素的影响，提出以下政策建议。

一、加强政策制定过程的参与性

文化企业家发展胜任力需求和文化产业政策内容的互适性低，是文化企业家利用政策发展胜任力的抑制因素。在过去多年里，中央和地方的文化产业政策给小微创意企业的企业家带来了期望和压力，要求他们变得更具创业精神和战略眼光。创意企业被要求创造和展示文化价值，并从其智力活动中获取收入。小微创意企业不仅是一种特别明显文化的符号，而且还发挥着重要的经济作用。然而，问题是在过去的多年里，小微创意企业的平均营业收入一直低于全国文化企业的平均水平，这些数据对文化企业家刺激、支持和发展胜任力提出了疑问。简言之，当谈到文化企业家的胜任力改进时，雄心和现实之间似乎存在明显的差异。正是在这种背景下，本书为政策提供了新的建议。鉴于以往的政策行动都是试图通过操纵文化企业家选择行动与环境来影响其行为活动，因此本章强调文化企业家的文化产业政策制定者需要认识到阻碍企业家利用政策发展胜任力的抑制因素。在制定和执行改进文化企业家胜任力的政策时，必须解决文化企业家个人和政府组织层面的信息互换问题。

政策效力不仅仅取决于在其他情况下被证明是成功的政策框架的应用。传统的"自上而下"方法产生的政策，没有文化企业家的直接大规模参与，导致了许多抑制因素。大多数受访对象提到，行业内只有极少部分企业家参与过政策制定前的调查程序，政策制定过程中缺乏参与是非常普遍的问题。这种缺乏参与或许是由于政策语言的性质、清晰度有限的政策，或许是因为创意企业群体分散、组织程度不足导致政策倡导者无法覆盖如此广阔的领域。丰富交流方式和扩大覆盖面成为提高参与度的重要手段。比如，通过电子邮件提交、社会媒体互动、组织焦点小组、举办社区论坛、安排讲习班和召开圆桌会议，或由政策制定者直接与各种利益相关者团体和代表性艺术组织进行非常全面的接触。另外，小微文化企业家分为初次进入行业的群体、以新兴业务为重点的群体和经验丰富的群体。这些集群中的文化企业家的背景、胜任力基础、动机、满意度等都不一样，有效的支持政策应该照顾到这三类文化企业家的不同特点，不同类型的小微创意企业的企业家群体需要特定匹配的支持政策。比如，文化创意资源的识别与开发利用是一种可以改进的胜任力，初次进入行业的群体需要政策制定者提供相关的咨询服务。以新兴业务为重点的群体是一个相当大的类别，该集群中的文化企业家最需要学习和发展机会，他们期望提升大数据分析能力和获得更多关于行业发展、竞争对手和客户的大数据信息，以帮助企业以更科学的方式进入市场，并有效地获得竞争优势。经验丰富的群体与以新兴业务为重点的群体一样，需要持续的市场分析指导，以预测不断变化的客户需求，并持续把技术调查连接到行业研究，以确保最新的产品符合市场需求。三个群体的文化企业家都面临着创意人才招聘这个胜任力的改进问题，以及缺乏可靠且有意愿的合作伙伴的问题。政策制定者应该创建和加强这些集群的利益相关者网络，为文化企业家开展法律、商务、创意方面的培训和咨询。

二、构建政策执行生态网络

本章强调了文化企业家如何在企业外寻找和获取发展胜任力的政策支持，展示并解释了文化企业家在与企业外的参与者（如行业协会、其他同行）沟通时所经历的困难。在对案例企业的文化企业家进行访谈后发现，只有不到一半的文化企业家知道他们的行业协会办公室。从政策角度来看，这是很令人不安的。因为行业协会办公室是连接政府层面与企业层面的最普遍的举措之一，是文化企业家利用政策发展胜任力的主要来源，对其的熟悉与依赖体现出了文化企业家的组织化程度。研究结果显示，文化产业政策执行网络的缺失是文化企业家利用政策发展胜任力的抑制因素。文化企业家组织化程度低下和文化产业政策执行机构建设不利抑制了政策利用效果的提升。

为了减轻和消除抑制因素的影响，本章提出以下建议：第一，派遣服务各个小微创意企业的政策利用监察员，他们是分散和协调政策的中介，与先前的区别在于并不完全依赖行业协会。这种分散、协调模式可以更加精准和细致地与文化企业家对接。鉴于文化企业家胜任力研究是在实现创意到创新转化的情境和社会定义下展开的，文化企业家应该围绕创意到创新转化，在整个组织和周围生态系统内发展胜任力，以此支持高质量的创意企业。第二，目前大多数创业服务办公室被定位为创业胜任力培训中心。然而，这种中枢模型是一种相对集中的中介信息的交互形式，它对数量相对较少的创业服务办公室的工作人员提出了相当高的要求，这可能造成服务与沟通的瓶颈，使文化企业家与外部参与者之间的互动复杂化。本章建议政府创业服务办公室采取不同的参与形式，安排一种全新的深入分布模式，如胜任力发展激励平台。外部和内部的参与者可以从一个共同的胜任力发展平台上获得信息并进行沟通，所有参与者附属于该平台。这种深入分布模式将通过引入更广泛的专业培训和市场参与者，不仅减轻了对创业服务办公室接待能力的依赖，缓解了创业服务办公室的任务问题，而且有效发展了文化企业家胜任力提升的生态系统，解决了可见性问题，促进了高潜力创意企业的形成。第三，行业协会职能的重新构建。一位受访企业家描述了他在试图协调一个跨地区的艺术节时遭遇的重重困难。文化创意企业缺乏统一发声或治理机构，加大了行业的分散程度，在文化创意企业分散性上产生了一系列问题，包括该行业在经济发展规划和战略发展中缺乏代表性。虽然有专门分管文化产业的国家代表机构，但实际上没有一些保护组织或机构为更广泛的文化创意企业提供领导和宣传。行业协会应该不仅仅是提供政策信息和帮助完善资料的中介机构，其更重要的职能是政府和行业界的代表或统一发言机构，它可以在促进文化企业家利用政策发展胜任力方面发挥重要作用，而且必须具备长久连贯性，因为政策缺乏长期相关性会成为整个文化创意产业增长和发展的障碍。第四，改善政策支持制度不足和制度建立情况下无法正常运转的现状。中央政府有权对许多重要的创意产业进行监管，相比之下，地方政府在设计和执行政策时，创意产业琐碎方面的权力有限。解决好地方和国家层面制定的政策在具体小微创意企业执行中的问题是丰富政策执行生态网络的重要措施。

三、给予自我维持企业家政策支持

文化企业家胜任力无法得到改进的问题伴随着小微创意企业的成长，这严重阻碍了创意产品的开发和商业化。从政策立场来看，文化企业家利用政策发展胜任力与政策环境因素不相符。虽然政府政策倾向于支持已经取得业绩的小微创意企业，但我们知道自我维持型的创意企业也有很大部分是具有潜力的。文化产业政策环境的优化缺失成为文化企业家利用政策发展胜任力的抑制因素。文化企业家政策利用意愿低下对其利用政策发展胜任力具有抑制作用，并受发展胜任力需求与政策内容互适性和政策执行网络的影响。由于抑制因素是相辅相成的，因此有效的政策需要一种全面的方法来鼓励和促进文化企业家胜任力的发展。研究结果通过提供个体和组织层面的抑制因素如何相互作用的多维视角，扩展了以下政策发展的见解。

缺乏意愿是一种重要的认知抑制因素，它会导致隐秘的行为，阻碍文化企业家利用政策发展胜任力。研究人员一直担心以企业绩效为准入标准的文化产业政策环境对个体意愿和信心产生负面影响，抑制文化企业家的行为和胜任力的发展。以已有业绩为政策获得的重要准入标准，导致许多小微创意企业的文化企业家无法间接或直接地受到政策资助，政府的失业福利政策成为他们最大的支持。这一类自我维持的文化创意企业的企业家迫切需要政府提供新的政策设置和支持战略。给予自我维持企业家政策支持是一项旨在促进地区发展和创造就业的福利措施，不是对有业绩的小微创意企业的直接支持。比如，针对该行业逐渐显示出的政府和私人的投资回报，相关的政策需要培养文化企业家创意资源的识别、开发和利用，迅速过渡到有多种筹资来源的领域，懂得新的创意产品商业模式，懂得如何自我维持等，而这些培训帮扶的获得可以不看企业的经营业绩。

第八章　结论和展望

本章着重对本书的主要结论进行梳理，分析研究过程中存在的局限，并对后续研究进行展望。

第一节　主要结论

本书紧密围绕文化企业家胜任力这一主题，在对文化产业、创意产业与小微创意企业（小微文化创意企业）；小微创意企业的特征；创意与创新的内涵与关系；价值网的内涵与应用；文化企业家内涵、能力与相关影响因素；企业家理论的发展；能力理论、胜任力理论及能力与胜任力的关系；企业家胜任力等相关概念和理论进行探析的基础上，重点对四个方面的基本问题进行了系统研究，具体包括文化企业家胜任力的基本理论、小微创意企业实现创意到创新转化的价值网模型、文化企业家胜任力模型、文化企业家政策发展，主要研究结论包括以下几个方面。

一、与文化企业家胜任力基本理论相关的主要结论

小微创意企业的运营模式。小微创意企业的运营模式根本在于创意到创新的转化。首先，本书阐述了创意的内涵：基于相关元素，为组织创造产品、服务的新知识和新想法，创意必须通过创新进行市场过滤。创新的内涵则是新知识和新想法转化为具体产品或服务的过程，该过程使新想法、服务、产品的功能特性具有市场竞争优势。其次，本书还阐释了小微创意企业在运营中的创意与创新的转化关系：小微创意企业以创造力和智力资本（创意）为主要输入，通过创意到创新的转化来实现创造力的文化和商业应用，从而创造艺术和经济价值。创意是产生想法的过程，创新是把创意付诸实践并转化为商业价值的过

程。创意和创新是小微创意企业运营中连续且循环的两个阶段，即新思想的产生阶段和新思想的实现及市场化阶段，但两者的转化并不是简单、线性的顺序结构，而是处于由三个核心单元组成的网状结构中。

小微创意企业的价值活动存在于网络。首先，小微创意企业完全符合美世咨询公司提出的价值网公司的五个特征：①以客户为中心。②合作。③敏捷且可扩展。④快速流动。⑤数字化。其次，小微创意企业以创造力和智力资本为主要输入，并非实物资产。技术、组织创新和创造力使其与客户和公众的关系不依赖于传统的集中生产。互动性、融合性、个性化、协作和网络是小微创意企业组织模式关键。为了增加顾客密度和价值创造，小微创意企业有时需要在技术上联合，共享知识资产、互补产品、客户数据库，有时需要建立网络联盟。当几个组织共享技术或智力资本时，真正的价值创造过程就完全发生了变化。然而，传统的价值链忽视了智力资本和互补产品及技术的影响。因此，小微创意企业的动态和复杂的运营过程要求在概念和实践层面对组织间的交流有更高层次的网络观点。

文化企业家的内涵。本书将经营小微创意企业的企业家称为文化企业家，强调对其内涵的全面理解是研究的起点和前提。然而，采用传统企业家理论作为分析框架将丧失其在小微创意企业网状价值活动中的重要描述要素，导致阐释的片面和失真。传统企业家理论基于市场竞争导向，无法充分地揭示文化企业家的全部价值活动。文化企业家输出的价值并非只有功利性，也包括文化和经济双重价值。其经历的从生产到消费的过程不是仅仅以市场价值为导向的线性过程，而是围绕艺术与商业的平衡，涉及消费者、行业内外其他企业的网状结构价值链。因此，基于小微创意企业实现创意到创新转化价值网的分析框架，全面观察文化企业家在组织中产生的价值行为，能有效弥补之前研究单纯从某一个孤立的点进行描述的缺陷。

基于已有文献的基础上，本书提出全新的情境和社会定义，强调小微创意企业是文化企业家赖以存在的组织基础和一切行为活动的价值载体。文化企业家结合商业技能和创造力，生产出超越艺术的创意产品和服务，帮助企业和产品实现形象塑造与受众建构。文化企业家需要开发新构想，使其具有潜在的交换价值以推向市场，才能实现创意到创新的转化，履行全部职能。文化企业家的动机不能只为经济利益，经济利益并不是他们的唯一追求，他们也追求艺术层面上的回报，以满足其职业理想和情感需要。文化企业家不断地结合商业技能和创造力，获得文化资本、社会资本和象征资本，体现其与其他相关者的区别。文化企业家可以被理解为结合了创造新的文化创意产品、平衡艺术和经济利益、寻求新方法的三种元素的主体。

二、与小微创意企业实现创意到创新转化价值网相关的主要结论

小微创意企业包含文化和经济的模糊性，涉及与许多传统产业企业的融合，技术、组织创新和创造力使其与客户和公众的关系不依赖于传统的集中生产。因此，它在一个高度协作、创造性和网络化的价值网环境中进行创意到创新转化的循环，具有互动性、融合性、个性化、协作和网络特征。本书探讨了小微创意企业实现创意到创新转化的价值网，识别了该价值网的三个核心结构单元，得出了一个概念性模型。价值网络的基本原理包括：①消费者单元，消费者到价值共创者的转变。消费者通过与企业在知识和设计、营销、服务方面的互动来影响价值创造。②企业单元，由超越单个企业的价值链中相关企业形成的价值创造网络，向最终消费者提供价值。小微创意企业寻找合作伙伴并管理这些伙伴关系，使每个合伙人从中获利，形成企业核心能力和企业之间关系交织在一起的企业网络。③数字化与互联网形成的虚拟价值网单元，与现实世界的物理价值网并行存在，实现了最大化从虚拟和现实的角度向消费者传递价值。

三、与文化企业家胜任力相关的主要结论

本书采用探索性多案例研究方法，对小微创意企业实现创意到创新转化价值网下的文化企业家胜任力进行探析，识别了36个适用于创意到创新转化任务的文化企业家胜任力要素和三个支持胜任力要素，这三个支持胜任力要素对三个胜任力领域起到改善和加强作用。本书发现了14种文化企业家特有的胜任力要素，包括文化创意资源识别力、协调和利用艺术、建立并保持文化声誉和创造性声誉、使用文化声誉和创造性声誉、建立文化企业家品牌、寻求艺术与商业的平衡、在互联网背景下理解复杂的身份和权利、艺术品位和艺术敏感性、文化创意资源的开发利用、创意人才招聘、专业知识与技能、利用产品造势了解和进入市场、创建消费者价值共创体系、对艺术守护者角色的承诺。除此以外，本书进一步证明了文化企业家胜任力的有效性，绘制了文化企业家特有胜任力的培养分类表，为全面地分析和了解文化企业

家胜任力提供了基础。

本书得出一个概念性模型，讨论了小微创意企业实现创意到创新转化价值网的情境和社会定义。模型的基本原理包括：第一，消费者单元领域，包括文化创意资源识别力、机会评估、客户管理、沟通、直觉思维、艺术品位和艺术敏感性、创建消费者价值共创体系、对艺术守护者角色的承诺八个胜任力要素。第二，企业单元领域，包括协调和利用艺术、建立并保持社会网络接触、使用社会网络、管理冲突、建立共识、寻求艺术与商业的平衡、创新、文化创意资源的开发利用、专业知识与技能、建立战略合作伙伴关系十个胜任力要素。第三，数字化与互联网形成的虚拟价值网单元领域，包括建立和保持文化声誉和创造性声誉、使用文化声誉和创造性声誉、建立文化企业家品牌、在互联网背景下理解复杂的身份和权力、评估风险、计划、组织、领导、激励、授权、控制、决策、创意人才招聘、商业知识与技能、利用产品造势了解和进入市场、设立和评估目标、战略变革、对战略做预算 18 个胜任力要素。第四，支持胜任力领域，包括学习、自我评估与修正、缓解压力三个胜任力要素。

四、与文化企业家胜任力政策分析与建议相关的主要结论

本书识别了影响文化企业家利用政策发展胜任力的抑制因素及其作用机制，得出了两个概念性模型和相关命题。本书发现如下三个主要结论：第一，文化企业家发展胜任力需求和文化产业政策内容的互适性低，是文化企业家利用政策发展胜任力的抑制因素。第二，文化产业政策执行网络的建设缺失是政策利用效果差的抑制因素，执行网络的建设对政策利用有显著的正向作用。第三，文化产业政策环境的优化缺失是文化企业家利用政策发展胜任力的抑制因素，政策环境恶化对政策利用有负向作用。

本书提出了三方面的政策提升建议：第一，加强政策制定过程的参与性，丰富交流方式和扩大覆盖面。第二，构建政策执行生态网络，派遣政策利用监察员，建议政府创业服务办公室采取深入分布模式，如胜任力发展激励平台，重新构建行业协会职能。第三，给予自我维持文化企业家政策支持，提供新的政策设置和支持战略，培养文化企业家具备经济效益和文化社会效益的技能和物质，帮助其过渡到多种筹资来源的领域。

第二节　研究展望

本书聚焦于文化企业家胜任力问题的研究，首先，梳理了与文化企业家胜任力密切相关的基本理论。其次，深入分析了小微创意企业实现创意到创新转化的价值网问题，并由此提出了基于该价值网的文化企业家胜任力研究的总体理论框架。再次，运用标准的案例研究方法，具体探索了小微创意企业实现创意到创新转化的价值网，并最终构建了基于该价值网的文化企业家胜任力模型。最后，在分析文化企业家政策利用困境的基础上，提出了促进文化企业家政策利用的相关建议。诚然，本书还存在一些局限，需要在将来的研究中不断完善和深化，具体包括以下三条路径：

第一，混合方法的研究设计。小微创意企业互动性、融合性、个性化、协作和网络的特征，使文化企业家胜任力的研究尤为复杂。在研究中综合运用质性研究和量化研究的方法共同处理文化企业家胜任力问题，能够收集更加丰富和有说服力的证据，最终形成的资料可以相互补充，使分析结果更加全面。

第二，分析主要的竞争性解释。由于研究条件的局限，笔者并没有了解到更多关于小微创意企业实际运营中的文化企业家胜任力的研究。这就导致本书没能把其他人持有的不同解释作为竞争性解释来进行说明。然而，这些竞争性解释很有可能就是当前研究的不足之处，因此未来的研究应该罗列所出现的竞争性解释，并运用数据资料进行分析并得出结论。

第三，研究对象可以扩展到大型创意企业的文化企业家。因为创意企业本身的组织规模特征，本书选择小微创意企业的文化企业家作为研究对象。然而，研究结论在大型文化企业中是否同样适用不得而知。大型文化企业的创新资源更多、政策利用更加高效、协作和管理更加规范，是否会催生文化企业家具备不同的胜任力，该问题值得在未来的研究中进一步探索。

参考文献

［1］ Abadie F, Friedewald M, Weber M. Adaptive foresight in the creative content industries: Anticipating value chain transformations and need for policy action ［J］. Science and Public Policy, 2010, 10: 1-21.

［2］ Acheson K, Maule C J, Filleul E. Cultural entrepreneurship and the Banff Television Festival ［J］. Journal of Cultural Economics, 1996, 20: 321-339.

［3］ Ahmad N H, Ramayah T, Wilson C, et al. Is entrepreneurial competency and business success relationship contingent upon business environment? A study of malaysian SMEs ［J］. International Journal of Entrepreneurial Behavior and Research, 2010, 16: 182-203.

［4］ Ahmed P K. Culture and climate for innovation ［J］. European Journal of Innovation Management, 1998, 1: 30-43.

［5］ Alchian A A, Demsetz H. Production, information costs, and economic organization ［J］. IEEE Engineering Management Review, 1975, 62 (2): 21-41.

［6］ Allee V. Reconfiguring the value network ［J］. Journal of Business Strategy, 2000, 21: 36-39.

［7］ Amabile T M. How to kill creativity ［J］. Harvard Business Review, 1998, 76: 77-87.

［8］ Anderson J C, Jain D C, Chintagunta P K. Customer value assessment in business markets: A state-of-practice study ［J］. Journal of Business-to-Business Marketing, 1992, 1 (1): 3-29.

［9］ Arad S, Hanson M A, Schneider R J. A framework for the study of relationships between organizational characteristics and organizational innovation ［J］. The Journal of Creative Behavior, 1997, 31: 42-58.

［10］ Bagwell S. Creative clusters and city growth ［J］. Creative Industries

Journal, 2008, 1: 31-46.

[11] Baines S, Robson L. Being self-employed or being enterprising? The case of creative work for the media industries [J]. Journal of Small Business and Enterprise Development, 2001, 8: 349-362.

[12] Baradaran M S, Farsi J Y, Hejazi S R, et al. Competence at technology entrepreneurship: An interpretive view [J]. Journal of Economic and Administrative Sciences, 2020, 13: 34-55.

[13] Barney J B, Barney J. Firm resources and sustained competitive [J]. Journal of Management, 1991, 17: 53-73.

[14] Basole R C, Rouse W B. Complexity of service value networks: Conceptualization and empirical investigation [J]. IBM Systems Journal, 2008, 47: 53-70.

[15] Bauer C, Viola K, Strauss C. Management skills for artists: "Learning by doing"? [J]. International Journal of Cultural Policy, 2011, 17: 626-644.

[16] Benghozi P J, Salvador E. How and where the R&D takes place in creative industries? Digital investment strategies of the book publishing sector [J]. Technology Analysis and Strategic Management, 2016, 28 (5): 568-582.

[17] Bengtsson M, Kock S. "Coopetition" in business networks—to cooperate and compete simultaneously [J]. Industrial Marketing Management, 2000 (29): 411-426.

[18] Besana A. Alternative resources: Revenue diversification in the not-for-profit USA symphony orchestra [J]. Journal of Arts Management Law and Society, 2012, 42: 79-89.

[19] Bill M H. Local interpretation of national micro-enterprise policy [J]. International Journal of Entrepreneurial Behavior and Research, 2004, 10: 305-324.

[20] Bilton C, Leary R. What can managers do for creativity? Brokering creativity in the creative industries [J]. International Journal of Cultural Policy, 2002, 8: 49-64.

[21] Bilton C. Identity, creativity and the cultural entrepreneur [R]. Vienna: 23rd EGOS Colloquium, 2010.

［22］ Bilton C. Management and creativity: From creative industries to creative management ［J］. Media International Australia Incorporating Culture and Policy, 2007, 26: 407-408.

［23］ Bird B. Towards a theory of entrepreneurial competency ［J］. Advances in Entrepreneurship, Firm Emergence and Growth, 1995, 2: 51-72.

［24］ Bisgaard S. Geared towards innovation ［J］. Quality Progress, 2008, 9: 20-5.

［25］ Boon J, van der Klink M. Competencies: The triumph of a fuzzy concept ［C］. Academy of Human Resource Development Annual Conference, Honolulu, HA, 2002, 27 (1): 327-334.

［26］ Bourdieu P, Passeron J C. Reproduction in education, culture and society ［M］. London: Sage Publications, 1977.

［27］ Bovet D, Martha J. Value nets: Breaking the supply chain to unlock hidden profits ［M］. New York: John Wiley and Sons Ltd. , 2000.

［28］ Bovet D, Martha J. Value nets: Reinventing the rusty supply chain for competitive advantage ［J］. Strategy and Leadership, 2000, 28: 21-26.

［29］ Boyatzis R E. The competent manager: A model for effective performance ［M］. New York: Wiley, 1982.

［30］ Braester Y. Chinese cinema in the age of advertisement: The filmmaker as a cultural broker ［J］. China Quarterly, 2005, 183: 549-564.

［31］ Brecknock R. Creative Capital: Creative industries in the creative city ［A］. Unpublished Paper, Brecknock Consulting Australia, Brisbane, 2004: 2-3.

［32］ Broekhuizena T L J, Lampel J, Rietveld J. New horizons or a strategic mirage? Artist-led-distribution versus alliance strategy in the video game industry ［J］. Research Policy, 2013, 42: 954-964.

［33］ Brownell J, Goldsmith M. Meeting the competency needs of global leaders: A partnership approach ［J］. Human Resource Management, 2006, 45 (3): 309-336.

［34］ Buckley A. Using contribution analysis to evaluate small & medium enterprise support policy ［J］. Evaluation, 2016, 22: 129-148.

［35］ Bujor A, Avasilcai S. The creative entrepreneur: A framework of analysis [J]. Procedia-Social and Behavioral Sciences, 2016, 221: 21-28.

[36] Calcagno M, Balzarin L. The Artist-entrepreneur acting as a Gatekeeper in the Realm of Art [J]. Venezia Arti, 2016, 25: 29-36.

[37] Carlwright S D, Dliver R W. Untangling the value web [J]. Journal of Business Strategy, 2000, 2: 22-27.

[38] Casson M. The entrepreneur: An economic theory [M]. Washington DC: Rowman & Littlefield, 1982.

[39] Chandler G N, Jansen E. The founder's self-assessed competence and venture performance [J]. Journal of Business Venturing, 1992, 7: 223-236.

[40] Chang Y Y, Chen M H. Creative entrepreneurs' creativity, opportunity recognition, and career success: Is resource availability a double-edged sword? [J]. European Management Journal, 2020, 38: 750-762.

[41] Chen M H, Chang Y Y, Lee C Y. Creative entrepreneurs' guanxi networks and success: Information and resource [J]. Journal of Business Research, 2015, 68: 900-905.

[42] Chen M H, Chang Y Y, Lee C Y. Creativity cognitive style, conflict, and career success for creative entrepreneurs [J]. Journal of Business Research, 2015, 68: 906-910.

[43] Chen M H, Chang Y Y, Lee C Y. Creativity, opportunity recognition, new venture resources and entrepreneurial career success in creative industries [J]. Technology Management for Social Innovation, 2016: 1365-1370.

[44] Cheng M, Dainty A R J, Moore D R. The differing faces of managerial competency in Britain and America [J]. Journal of Management Development, 2003, 22 (6): 527-537.

[45] Christopher A. Bartlett, Sumantra Ghoshal. The myth of the generic manager: New personal competencies for new management roles [J]. California Management Review, 1997, 40 (1): 92-116.

[46] Cláudio S, Abubakar S, Barros A C, et al. Joining global aerospace value networks: Lessons for industrial development policies [J]. Space Policy, 2019, 48: 30-40.

[47] Cook G. A resource-based analysis of bankruptcy law, SMEs, and cor-

porate recovery [J]. International Small Business Journal, 2012, 30: 275-293.

[48] COSMOS Corporation. Case studies and organizational innovation: Strengthening the connection [M]. Bethesda, MD: COSMOS Corporation, 1983.

[49] COSMOS Corporation. Case studies of minority procurement in federal contracting [M]. Washington, D. C. : U. S. Government Printing Office, 1983.

[50] Cunningham S D. From cultural to creative industries: Theory, industry and policy implications [J]. Quarterly Journal of Media Research and Resources, 2002, 102: 54-65.

[51] Cyr C. Roger Parent and Réalisations Inc. Montréal: A flair for creativity [J]. International Journal of Arts Management, 2014, 25: 60-70.

[52] DCMS. Creative industries mapping document [Z]. 1998.

[53] de Vries R E, Tybur J M, Pollet T V, et al. Evolution, situational affordances, and the HEXACO model of personality [J]. Evolution and Human Behavior, 2016, 37: 407-421.

[54] Dimaggio P J. Cultural entrepreneurship in nineteenth-century Boston [J]. Media Culture, Society, 1982, 4: 33-50.

[55] Durand R, Hadida A L. Logic combination and performance across occupational communities: The case of French film directors [J]. Journal of Business Research, 2016, 69: 2371-2379.

[56] Ebbers J J, Wijnberg N M. Nascent ventures competing for start-up capital: Matching reputations and investors [J]. Journal of Business Venturing, 2012, 27: 372-384.

[57] Eisenhardt K M, Graebner M E. Theory building from cases: Opportunities and challenges [J]. Academy of Management Journal, 2007, 50 (1): 25-32.

[58] Eisenhardt K. Building theories from case study research [J]. Academy of Management Review, 1989, 14: 532-550.

[59] Ellmeier A. Cultural entrepreneurialism: On the changing relationship between the arts, culture and employment1 [J]. International Journal of Cultural Policy, 2003, 9: 3-16.

[60] European Commission. Green paper: Unlocking the potential of cultural and creative industries [M]. Bruxelles: European Commission, 2010.

[61] Fillis I R, Lehman K, Miles M P. The museum of old and new art: Leveraging entrepreneurial marketing to create a unique art and vacation venture [J]. Journal of Vacation Marketing, 2016, 17: 38-55.

[62] Fletcher R P. The hacker and the hawker: Networked identity in the science fiction and blogging of cory doctorow [J]. Science Fiction Studies, 2010, 37: 81-99.

[63] Florida R. The rise of the creative class [J]. Washington Monthly, 2004, 35: 593-596.

[64] Foucault M, Burchell G, Gordon C, et al. The foucault effect: Studies in governmentality [M]. Harvester Wheatsheaf, 1991.

[65] Franz Emanuel Weinert. Defining and selecting key competencies: Concept of competence: A conceptual clarification [M]. Seattle, WA: Hogrefe & Huber, 2001.

[66] Gatrell J D, Reid N, Steiger T, et al. "Value" -chains: Identity, tradition, and Ohio's flori (culture) industry [J]. Applied Geography, 2009, 29: 346-357.

[67] Gersick C J G. Pacing strategic change: The case of a new venture [J]. The Academy of Management Journal, 1994, 37: 9-45.

[68] Geursen G, Rentschler R. Entrepreneurship, marketing and leadership in non-profit performing arts organisations [J]. Journal of Research in Marketing and Entrepreneurship, 2004, 6: 44-51.

[69] Ghoshal S, Bartlett C A. Linking organizational context and managerial action: The dimensions of quality of management [J]. Strategic Management Journal, 1994, 22: 55-72.

[70] Gist M E. Self-efficacy: Implications for organizational behavior and human resource management [J]. Academy of Management Review, 1987, 12: 472-485.

[71] Glaser B G, Strauss A L. The discovery of grounded theory: Strategies for qualitative research [M]. New York: Aldine Publishing Company, 1999.

[72] Gong H, Hassink R. Developing the Shanghai online games industry: A multi-scalar institutional perspective [J]. Growth and Change, 2019, 50: 1006-

1025.

[73] Gouillart F. The race to implement co-creation of value with stakeholders: five approaches to competitive advantage [J]. Strategy and Leadership, 2014, 42 (1): 21-29.

[74] Grant R M. The resource-based theory of competitive advantage: Implications for strategy formulation [J]. California Management Review, 1991, 33: 114-135.

[75] Hadida A L, Paris T. Managerial cognition and the value chain in the digital music industry [J]. Technological Forecasting and Social Change, 2014, 83: 84-97.

[76] Haefliger S, Jäger P, Krogh G V. Under the radar: Industry entry by user entrepreneurs [J]. Research Policy, 2010, 39: 1198-1213.

[77] Hartley J. The Creative Industries [M]. Oxford: Blackwell, 2005.

[78] Hausmann A. German artists between bohemian idealism and entrepreneurial dynamics: Reflections on cultural entrepreneurship and the need for start-Up management [J]. International Journal of Arts Management, 2010, 12: 17-29.

[79] Hayton J C, McEvoy M. Guest editor's note [J]. Human Resource Management, 2006, 45: 291-294.

[80] Hearn G, Cunningham S D, Luckman S. Queensland music industry value web: From the margins to the mainstream [J]. Creative Industries Research and Applications Centre, 2014, 10 (16): 1-46.

[81] Hearn G, Cunningham S D, Luckman S, Ian Rogers, Abraham Ninan. Queensland music industry value web: From the margins to the mainstream [D]. Creative Industries Research and Applications Centre, 2004: 1-44.

[82] Heebels B, van Aalst I. Creative clusters in berlin: Entrepreneurship and the quality of place in prenzlauer berg and kreuzberg [J]. Geografiska Annaler, 2010, 92: 347-363.

[83] Hindle K, Yencken J. Public research commercialisation, entrepreneurship and new technology based firms: An integrated model [J]. Technovation, 2004, 24: 793-803.

[84] Hracs B J, Jakob D, Hauge A. Standing out in the crowd: The rise of

exclusivity-based strategies to compete in the contemporary marketplace for music and fashion [J]. Environment and Planning A: Economy and Space, 2013, 45: 1144-1161.

[85] Hunt J M. Toward the development of a competency model of family firm leadership [C]. 12th Annual National Conference on United States Association for Small Business and Entrepreneurship, 1998.

[86] Igor Dubina, Carayannis E, Campbell D F J. Creativity economy and a crisis of the economy? Co evolution of knowledge, innovation, and creativity, and of the knowledge [J]. Journal of the Knowledge Economy, 2012, 3: 1-24.

[87] Jacobs S, Cambré B, Huysentruyt M, et al. Multiple pathways to success in small creative businesses: The case of Belgian furniture designers [J]. Journal of Business Research, 2016, 69: 5461-5466.

[88] James F. Moore. The rise of a new corporate form [J]. The Washington Quarterly, 1998, 8 (2): 167-181.

[89] Jean-Baptiste Say. A treatise on political economy: Or the production, distribution, and consumption of wealth [M]. New York: Augustus M. Kelley Publishers, 1821.

[90] John Howkins. The creative economy: How people make money from ideas [M]. London: Penguin, 2001.

[91] Johns J. Video games production networks: Value capture, power relations and embeddedness [J]. Journal of Economic Geography, 2006, 6 (2): 151-180.

[92] Johnson V. What is organizational imprinting? Cultural entrepreneurship in the founding of the paris opera [J]. American Journal of Sociology, 2007, 113: 97-127.

[93] Johnson-Laird P. How jazz musicians improvise [J]. Music Perception Spring, 2002, 19: 415-442.

[94] Jones P, Comfort D, Eastwood I, et al. Creative industries: Economic contributions, management challenges and support initiatives [J]. Management Research News, 2004, 27: 134-145.

[95] Kathy Charmaz, Linda L, Belgrave. Grounded theory: The blackwell en-

cyclopedia of sociology [M]. Malden, Massachusetts: John Wiley & Sons Ltd. , 2015.

[96] Katz M L, Shapiro C. Systems competition and network effects [J]. Journal of Economic Perspectives, 1994, 8 (2): 93-115.

[97] Khedhaouria A, Gurau C, Torrès O. Creativity, self-efficacy, and small-firm performance: The mediating role of entrepreneurial orientation [J]. Small Business Economics, 2015, 44: 485-504.

[98] Kidder L, Judd C M. Research methods in social relations (5th Ed.) [M]. New York: Holt, Rinehart and Winston, 1986.

[99] Kim N R, Hong S G. A study on the moderating effects of startup platforms in the relationship between entrepreneurship and entrepreneurial competencies [J]. Advanced Science Letters, 2017, 2: 37-57.

[100] Kirznar I M. Competition and entrepreneurship [M]. Carmel: Liberty Fund, 1975.

[101] Klamer A. Cultural entrepreneurship [J]. The Review of Austrian Economics, 2011, 24: 141-156.

[102] Konrad E D. Cultural entrepreneurship: The impact of social networking on success [J]. Creativity and Innovation Management, 2013, 22: 307-319.

[103] Kothandaraman P, Wilson D T. The future of competition: Value-creating networks [J]. Industrial Marketing Management, 2001, 30: 379-389.

[104] Kuhn K M, Galloway T L. With a little help from my competitors: Peer networking among artisan entrepreneurs [J]. Entrepreneurship Theory and Practice, 2013, 39: 571-600.

[105] Lange B. Accessing markets in creative industries—professionalization and social-spatial strategies of culturepreneurs in Berlin [J]. Creative Industries Journal, 2009, 1: 115-135.

[106] Lange B. From cool britannia to generation berlin? Geographies of culturepreneurs and their creative milieus in Berlin [J]. Cultural Industries - The British Experience in International Perspective, 2006, 1: 145-172.

[107] Lange B. Value creation in scene-based music production: The case of electronic club music in germany [J]. Economic Geography, 2013, 89 (2): 150-

169.

［108］Leadbeater C, Oakley K. The independents: Britain's new cultural entrepreneurs ［J］. Journal of Cultural Economics, 1999, 22: 234-252.

［109］Lee M. Fostering connectivity: A social network analysis of entrepreneurs in creative industries. ［J］. International Journal of Cultural Policy, 2015, 21: 139-152.

［110］Lerner M, Almor T. Relationships among strategic capabilities and the performance of women-owned small ventures ［J］. Journal of Small Business Management, 2002, 40: 109-125.

［111］Leviäkangas P, Öörni R. From business models to value networks and business ecosystems-What does it mean for the economics and governance of the transport system? ［J］. Utilities Policy, 2020, 10 (64): 4-9.

［112］Lincoln Y S, Guba E G. Naturalistic inquiry ［M］. Beverly Hills, Califonia: SAGE Pwblications Ltd., 1985.

［113］Liu H, Hou J, Yang P, et al. Entrepreneurial orientation, organizational capability, and competitive advantage in emerging economies: Evidence from china ［J］. African Journal of Business Management, 2011, 5: 3891-3901.

［114］Lusch R, Vargo S L, Tanniru M. Service, value networks and learning ［J］. Journal of the Academy of Marketing Science, 2010, 38: 19-31.

［115］López Sánchez J I, Arroyo Barrigüete J L, Ribeiro D. Development of a technological competition model in the presence of network effects from the modified law of metcalfe ［J］. Service Business, 2008, 2: 83-98.

［116］Man T W Y, Lau T, Chan K F. The competitiveness of small and medium enterprises: A conceptualization with focus on entrepreneurial competencies ［J］. Journal of Business Venturing, 2002, 17: 123-142.

［117］Mangham I. In search of competence ［J］. Journal of General Management, 1986, 12 (2): 5-12.

［118］Mansfield B. Competence in transition ［J］. Journal of European Industrial Training, 2004, 28 (2/3/4): 296-309.

［119］Mark Blaug, Ruth Towse. Cultural entrepreneurship ［M］. Cheltenham, UK: Edward Elgar, a Handbook of Cultural Economics, 2011.

[120] Martins E C, Terblanche F. Building organizational culture that stimulates creativity and innovation [J]. European Journal of Innovation Management, 2003, 6: 64-74.

[121] McClelland D C. Characteristics of successful entrepreneurs [J]. Journal of Creative Behavior, 1987, 21: 18-21.

[122] McLaughlin, M. W. Implementation as mutual adaptation: Change in classroom organization [J]. Teachers College Record, 1976, 77 (3): 339-351.

[123] Melichová K, Chreneková M, Faziková M. Integration of music, visual and performing arts industry in microregional structure and its value chain-case study of nitra microregion [J]. 5th Central European Conference in Regional Science-CERS, 2014, 11: 592-600.

[124] Miles M B, Huberman A M. Qualitative data analysis: An expanded sourcebook [M]. Thousand Oaks, CA: SAGE Publications Ltd. , 1994.

[125] Mitchell R K, Smith J B, Morse E A, et al. Are entrepreneurial cognitions universal? Assessing entrepreneurial cognitions across cultures [J]. Entrepreneurship Theory and Practice, 2002, 26: 9-32.

[126] Mol J M, Wijnberg N M, Carroll C. Value chain envy: Explaining new entry and vertical integration in popular music [J]. Journal of Management Studies, 2005, 42 (2): 251-275.

[127] Molloy M, Wendy L. Who needs cultural intermediaries indeed [J]. Journal of Cultural Economy, 2010, 3: 361-377.

[128] Morgan L, Feller J, Finnegan P. Exploring value networks: Theorising the creation and capture of value with open source software [J]. European Journal of Information Systems, 2013, 22: 569-588.

[129] Nachmias D, Nachmias C. Research methods in the social sciences [M]. New York: St. Martin's Press, 1992.

[130] Napier N K, Nilsson M. The development of creative capabilities in and out of creative organizations: Three case studies [J]. Creativity and Innovation Management, 2006, 15: 268-278.

[131] Nijboer J. Cultural entrepreneurship in libraries [J]. New Library World, 2006, 107: 434-443.

[132] Orser B, Riding A. Management competencies and SME performance criteria: A pilot study [J]. Small Business Policy Branch, Industry Canada, Ottawa, 2003, 5: 27-42.

[133] Otmazgin N. Anime in the US: The entrepreneurial dimensions of globalized culture [J]. Pacific Affairs, 2014, 84: 53-70.

[134] Parry G, Bustinza O F, Vendrell-Herrero F. Servitisation and value co-production in the UK music industry: An empirical study of consumer attitudes [J]. International Journal of Production Economics, 2012, 135 (1): 320-332.

[135] Perice L. Music Entrepreneurs in the twenty-first century: A case study on the career of jay-Z [J]. Meiea Journal, 2012, 12: 68-98.

[136] Perreault W, Leigh L E. Reliability of nominal data based on qualitative judgments [J]. Journal of marketing research, 1989, 26: 135-148.

[137] Perry B, Smith K, Warren S. Revealing and re-valuing cultural intermediaries in the real creative city: Insights from a diary-keeping exercise [J]. European Journal of Cultural Studies, 2015, 75: 88-102.

[138] Peterson K E. Discourse and display: The modern eye, entrepreneurship, and the cultural transformation of the patchwork quilt [J]. Sociological Perspectives, 2003, 46: 461-490.

[139] Phillips R J. Arts entrepreneurship and economic development: Can every city be "austintatious"? [J]. Foundations and Trends in Entrepreneurship, 2011, 6: 239-313.

[140] Pierre B. Distinction: A social critique of the judgment of taste [M]. Cambridge, Massachusetts: Harvard University Press, 1984.

[141] Poettschacher E. Strategic creativity: How values, beliefs and assumptions drive entrepreneurs in the creative industries [J]. International Journal of Entrepreneurship and Innovation, 2005, 6: 177-183.

[142] Porter M E. Competitive advantage: Creating and sustaining superior performance [M]. New York: Simon & Schuster, 1998.

[143] Prabhakar G P, Liddle J. Leadership, vision, strategy, and the art of publishing in India an interview with the legendary tejeshwar singh of sage publications (India) [J]. Journal of Management Inquiry, 2013, 22: 51-57.

［144］ Prahalad C K, Hamel G. The core competence of the corporation ［J］. Harvard Business Review, 1990, 5: 79-91.

［145］ Prahalad C K, Ramaswamy V. The new frontier of experience innovation ［J］. MIT Sloan Management Review, 2003, 44 （4）: 12-18.

［146］ Rae D. Entrepreneurial learning: A practical model from the creative industries ［J］. Education and Training, 2004, 46: 492-500.

［147］ Raffo C, O'Connor J, Lovatt A, et al. Attitudes to formal business training and learning amongst entrepreneurs in the cultural industries: Situated business learning through 'doing with others' ［J］. Journal of Education and Work, 2000, 13: 215-230.

［148］ Rayport J, Sviokla J. Exploiting the virtual value chain ［J］. The Harvard Business Review, 1995, 1: 21-35.

［149］ Reuber A R, Fischer E M. Entrepreneurs' experience, expertise, and the performance of technology-based firms ［J］. IEEE Transactions on Engineering Management, 1994, 41: 1-10.

［150］ Rezaeizadeh M, Hogan M, O'Reilly J, et al. Core entrepreneurial competencies and their interdependencies: Insights from a study of Irish and Iranian entrepreneurs, university students and academics ［J］. International Entrepreneurship and Managemewt Journal, 2017, 13: 35-73.

［151］ Richard Caves. Creative industries: Contracts between art and commerce ［M］. Cambridge, Massachusetts: Harvard University Press, 2000.

［152］ Richards G. Creativity and tourism the state of the art ［J］. Annals of Tourism Research, 2011, 38 （4）: 1225-1253.

［153］ Roblesa L, Zárraga-Rodrígueza M. Key competencies for entrepreneurship ［J］. Global Conference on Business, Economics, Management and Tourism, 2014, 10: 30-31.

［154］ Rohert J, Baum. The relation of traits, competencies, motivation, strategy, and structure to venture growth ［D］. University of Maryland, College Park, 1994.

［155］ Sadler-Smith E. Cognitive style: Some human resource implications for managers ［J］. The International Journal of Human Resource Management, 1998,

9: 185-202.

[156] Scarborough H. Path (ological) dependency? Core competencies from an organizational perspective [J]. British Journal of Management, 1998, 9: 219-232.

[157] Schumpeter J A. The theory of economic development [M]. London: Routledge, 2021.

[158] Scott A J. The cultural economy of cities: Essays on the geography of image-producing industries [M]. London: SAGE Publications Ltd. , 2000.

[159] Scott M. Cultural entrepreneurs, cultural entrepreneurship: Music producers mobilizing and converting Boudreaux's alternative capitals [J]. Poetics, 2012, 40: 237-255.

[160] Seet P S, Jones J, Acker T, et al. Shocks among managers of indigenous art centres in remote Australia [J]. Management Decision, 2015, 53: 763-785.

[161] Sheth J N, Sisodia R S, Sharma A. The antecedents and consequences of customer-centric marketing [J]. Journal of the Academy of Marketing Science, 2000, 28 (1): 55-66.

[162] Skov L. Hong Kong fashion designers as cultural intermediaries: Out of global garment production [J]. Cultural Studies, 2002, 23: 67-80.

[163] Slywotzky A J, Morrison D J. The profit zone [M]. New York: Three Rivers Press, 2002.

[164] Smit A J. The influence of district visual quality on location decisions of creative entrepreneurs [J]. Journal of the American Planning Association, 2011, 77: 167-184.

[165] Smith B, Morse E. Entrepreneurial competencies: Literature review and best practices [J]. Small Business Policy Branch, Industry Canada, Ottawa, 2005, 17: 8-25.

[166] Sternberg R J. Successful intelligence as a basis for entrepreneurship [J]. Journal of Business Venturing, 2004, 19: 189-201.

[167] Strong K, Ossei-Owusu S. Naija boy remixes: Afroexploitation and the new media creative economies of cosmopolitan African youth [J]. Journal of African

Cultural Studies, 2014, 26: 189-205.

[168] Stuart R, Lindsay P. Beyond the frame of management competences: Towards a contextually embedded framework of managerial competence in organizations [J]. Journal of European Industrial Training, 1997, 21: 26-34.

[169] Swedberg R. The cultural entrepreneur and the creative industries: Beginning in Vienna [J]. Journal of Cultural Economics, 2006, 30: 243-261.

[170] Teipen C. Work and Employment in Creative Industries: The Video Games Industry in Germany, Sweden and Poland [J]. Economic and Industrial Democracy, 2008, 29 (3): 309-335.

[171] Thomas H. Cultural entrepreneurs: Producing cultural value and wealth [J]. International Journal of Cultural Policy, 2015, 55: 92-107.

[172] Thompson J D. Organizations in action [M]. New York: McGraw-Hill, 1967.

[173] Tidd J, Bessant J R, Pavitt K. Managing Innovation: Integrating technological, market and organizational change [M]. Chichester: Wiley, 2009.

[174] Toynbee J. Making popular music: Musicians, creativity and institutions [J]. European Journal of Communication, 2000, 2: 18-22.

[175] Tsai P H, Lin C T. Creating a business strategy evaluation model for national museums based on the views of curators [J]. Curator the Museum Journal, 2016, 59: 287-303.

[176] Überbacher F, Jacobs C D, Cornelissen J P. How entrepreneurs become skilled cultural operators [J]. Organization Studies, 2015, 36: 925-951.

[177] Ulldemolins J R. Gallery districts of barcelona: The strategic play of art dealers [J]. Journal of Arts Management Law and Society, 2012, 42: 48-62.

[178] UNCTAD. Creative economy report [R]. Available at: www. unctad. org/creative-economy, 2008: 3-38.

[179] Upton D M. Flexibility as process mobility: The management of plant capabilities for quick response manufacturing [J]. Journal of Operations Management, 1995, 12: 205-224.

[180] U. S. Government Accountability Office. Program evaluation and methodology division. Case study evaluations [M]. Washington, DC: Government Print-

ing Office, 1990.

［181］Vega A. Towards a comprehensive framework for the evaluation of small and medium enterprise policy ［J］. Evaluation, 2015, 21: 359-375.

［182］Vidal-Gomel C, Samurcay R. Qualitative analyses of accidents and incidents to identify competencies——the electrical systems maintenance case ［J］. Safety Science, 2002, 40: 479-500.

［183］Vivant E. Creatives in the city: Urban contradictions of the creative city ［J］. City Culture and Society, 2013, 4: 57-63.

［184］Ward T B. Cognition, creativity, and entrepreneurship ［J］. Journal of Business Venturing, 2004, 19: 173-188.

［185］Wenting R, Atzema O, Frenken K. Urban amenities and agglomeration economies? The locational behaviour and economic success of dutch fashion design entrepreneurs ［J］. Urban Studies, 2012, 48: 1333-1352.

［186］Wernerfelt B. A resource-based view of the firm ［J］. Strategic Management Journal, 1984, 5: 171-180.

［187］West M A, Farr J L. Innovation and creativity at work: Psychological and organizational strategies ［M］. Chichester: Wiley, 1990.

［188］《2019中国音乐产业发展报告》发布 ［EB/OL］. (2019-11-08). http://www.ce.cn/culture/gd/201911/08/t20191108_33565645.shtml.

［189］柴梅, 阿依努尔·艾孜木, 韩芳. 基于企业生命周期的企业家胜任力模型研究 ［J］. 经济研究导刊, 2010 (16): 33-53.

［190］陈万思. "子承父业" 新浙商企业家胜任力实证研究 ［J］. 商业经济与管理, 2008 (204): 18-24.

［191］陈文基, 忻展红, 申志伟. 基于经典扎根理论的商业模式研究 ［J］. 北京邮电大学学报 (社会科学版), 2011 (3): 81-88.

［192］道格拉斯·C.诺思. 制度、制度变迁与经济绩效 ［M］. 杭行, 译. 上海: 格致出版社, 上海三联书店, 上海人民出版社, 2009.

［193］董德刚. 创新是文化产业发展原动力 ［EB/OL］. 中国文化报, 2015 (10): 4. https://www.mct.gov.cn/whzx/bnsj/whcys/201507/t20150721_760037.html.

［194］杜阁.关于财富的形成和分配的考察 ［M］. 南开大学经济系经济学

译.北京：商务印书馆，1961.

［195］冯明，尹明鑫.胜任力模型构建方法综述［J］.科技管理研究，2007（3）：229-233.

［196］弗兰克·奈特.风险、不确定性和利润［M］.郭武军，刘亮，译.北京：华夏出版社，2013.

［197］高良谋，郑萍.企业家理论的困惑［J］.学习与探索，1997（4）：17-22.

［198］胡正福.我国小微企业发展障碍及其对策研究［J］.经济研究参考，2014（57）：33-38.

［199］贾旭东，谭新辉.经典扎根理论及其精神对中国管理研究的现实价值［J］.管理学报，2010（5）：656-665.

［200］金元浦.文化创意产业概论［M］.北京：高等教育出版社，2010.

［201］凯瑟琳·M.埃森哈特，梅丽莎·E.格瑞布纳，张丽华，等.由案例构建理论的机会与挑战［J］.管理世界，2010（4）：125-130.

［202］理查德·E.凯夫斯.创意产业经济学——艺术的商业之道［M］.北京：新华出版社，2004.

［203］理查德·坎蒂隆.商业性质概论［M］.余永定，徐寿冠，译.北京：商务印书馆，2011.

［204］联合国教科文组织，联合国开发计划署.2013 创意经济报告——拓展本土发展途径［M］.北京：社会科学文献出版社，2014.

［205］联合国贸易和发展会议.2008 创意经济报告［M］.北京：三辰影库音像出版社，2008.

［206］列夫·托尔斯泰.论艺术［M］.谢素台译.人民文学出版社，1982.

［207］林明华，杨永忠.创意产品开发模式——以文化创意助推中国创造［M］北京：经济管理出版社，2014.

［208］刘凌艳，杨永忠.创意到创新过程中文化企业家的能力构成［J］.天府新论，2017（5）：123-133.

［209］吕学武，范周.文化创意产业前沿——理论：碰撞与交融［M］.北京：中国传媒大学出版社，2007.

［210］罗伯特·K.殷.案例研究：设计与方法［M］.周海涛，等译.重庆：重庆大学出版社，2010.

[211] 马歇尔. 经济学原理（上册）[M]. 朱志泰，译. 北京：商务印书馆，1964.

[212] 潘玉香，杨悦，魏亚平. 文化创意企业管理者特征与投资决策关系的研究 [J]. 中国软科学，2015（3）：172-181.

[213] 钱再见. 现代公共政策学 [M]. 南京：南京师范大学出版社，2007.

[214] 全球文化企业家中心. Global Center for cultural entrepreneurs [EB/OL]. http：//www. creativestartups. org/，2010. 2-5/5327322. shtml.

[215] 宋培林. 企业成长过程中的企业家胜任力结构余缺与叠加跃迁机理探析 [J]. 管理世界，2011（11）：180-181.

[216] 宋培林. 试析企业成长不同阶段的企业家胜任力结构及其自我跃迁机理 [J]. 经济管理，2011（483）：38-55.

[217] 苏敬勤，张琳琳. 理论构建型案例研究规范性评估——基于内容分析的对比研究 [J]. 管理评论，2015（8）：223-233.

[218] 孙岩利. 企业家的选择机制研究 [D]. 北京：首都经济贸易大学，2005.

[219] 王璐，高鹏. 扎根理论及其在管理学研究中的应用问题探讨 [J]. 外国经济与管理，2010（12）：10-18.

[220] 王祎庆. 文化产业政策解读 [M]. 北京：中国传媒大学出版社，2015.

[221] 向勇. 文化产业人力资源开发 [M]. 长沙：湖南文艺出版社，2006.

[222] 杨永忠，蔡大海. 文化企业家的文化价值偏好：决策模型与影响因素 [J]. 财经问题研究，2013（12）：89-95.

[223] 杨永忠. 创意管理学导论 [M]. 北京：经济管理出版社，2018.

[224] 殷昌友. 文化产业呼唤有作为的文化企业家 [J]. 企业家研究，1999（1）：22-32.

[225] 约瑟夫·熊彼得. 经济发展理论 [M]. 何畏，易家详，张家扩，等译. 北京：商务印书馆，1990.

[226] 张铮，熊澄宇. 小微文化企业对我国文化产业发展作用及其培育环境的再认识 [J]. 同济大学学报，2016（1）：51-57.

附录 1 研究简介

　　访谈前期介绍由四部分组成：自我介绍与欢迎词；研究目的与研究涉及的重要概念；隐私和数据存储处理方式；参与者约束（见附表 1-1）。访谈过程包括访谈前问卷（人员基本信息统计和访谈前问题）。访谈前问卷的回答将以提纲和概要形式给出。完成访谈前问卷后，参与者通过电子方式将文件发送给研究者。完成访谈前问卷调查后，研究人员利用日志进行半结构式访谈，以获取访谈过程中参与者的观察记录。在这一过程中，研究者将获得参与者的口头许可进行日志记录。研究人员向每位参与者提出 17 个问题，以探索小微创意企业推动创意到创新转化价值实现的运营模式和基于该运营模式的文化企业家胜任力。半结构式访谈将在五个月内对四个参与者组进行，即文化企业家（行为者角色，用于解释"谁做什么"，行为者角色涉及每个直接参与互动的实体和对最终结果负责的实体）、六名客户（客户角色，用于解释"为谁"，客户角色集合了将要接收最终结果的所有实体）、六名具有五年或五年以上小微创意企业管理经验的高层管理人员（高层管理人员角色，用于解释"如何做"，高层管理人员角色涉及每一个调节行为者功能的实体）、六名合作企业总经理和两名行业分析专家（支持角色，用于解释"用什么"，支持角色包括每一个帮助企业实现最终结果的实体）。每次访谈持续大约一个小时。研究人员用数字录音笔录下采访内容。这个过程包括 17 个访谈问题，收集回答研究问题的信息。其他试探性问题将由受访参与者的回答决定，如果受访参与者没有提供足够的信息来回答研究问题，将会询问额外的试探性问题。

附表 1-1　访谈前介绍

项目	内容
自我介绍与欢迎词	大家好，我叫刘凌艳，是四川大学商学院企业管理专业的在读博士生。很荣幸能邀请到各位杰出的文化企业家、高层管理人员、行业专家、客户及合作企业参与"创意到创新转化价值网下的文化企业家胜任力——基于小微创意企业"的课题研究。在此，衷心感谢大家对该课题给予的无私帮助和支持

续表

项目	内容
研究目的与研究涉及的重要概念	本书基于小微创意企业实际运营的价值模式，对文化企业家胜任力模型进行探析。研究涉及的重要概念包括：①文化企业家：为了更好地区分传统企业家和文化企业家的概念，本书基于小微创意企业创意到创新转化价值网的分析框架，从文化企业家所属的组织、根据组织目标产生的职能和特质这三方面将其内涵界定为：文化企业家存在于所有提供象征性商品和服务的小微创意机构中；与其他企业家相比，他们最重要的特质是让艺术与获利结合；他们在推动企业实现创意到创新转化的过程中不断地在艺术与商业的模糊界限中寻找平衡，在创造经济利益的同时履行自身艺术守护者的职能，从而为文化产品和服务的生产者和消费者创造文化和经济价值。②胜任力：能够将某领域中有卓越才能者与普通者区分开的个人特征，即个人（或团队或组织）在某一工作或某类活动中表现出来的能够被可靠测量和有效区分优异者与平平者的个性、知识、能力、自我形象或社会角色、态度和价值观等特征的总和。③小微创意企业：本文从组织规模、生产特点、运营模式三个方面对小微创意企业的内涵进行阐述。小微创意企业的组织模式特色是以小、微型企业为主，相互依存，连成网络。小微创意企业同时具备典型的文化公司的规模、承诺和商业实践的精神——创造财富和满足市场；技术、组织创新和创造力使其与客户和公众的关系不依赖于传统的集中生产；互动性、融合性、个性化、协作和网络是关键。小微创意企业以创造力和智力资本为主要输入，通过创意到创新的转化来实现创造力的文化和商业应用，从而创造艺术和经济价值。它是在一个高度协作、创造性和网络化的价值网中进行创意到创新转化的循环，并涉及许多传统行业。④价值网：企业价值网是指企业将使价值发生增值的生产和经营环节进行整合，形成一套系统和有机的企业价值系统（Slywotzky and Morrison，2002）。价值网是一种全新的业务管理模式，使企业的前端服务和后端生产融为一体为客户提供最优质的服务，向客户让渡最大的顾客价值，并满足其个性化需要（Bovet and Martha，2000）。⑤创意、创新：本书以小微创意企业的内涵、商品和服务、生产和分配作为约束条件，把创意的内涵阐释为，基于相关元素，为组织创造产品、服务的新知识和新想法，创意过程必须通过创新进行市场过滤，这是非常强大的约束。创新的内涵：新知识和新想法转化为具体产品或服务的过程，该过程使新想法、服务、产品的功能特性具有市场竞争优势。也就是说，创新过程是帮助创意结果成功地通过市场过滤，使创意过程和结果的社会用途得到市场认可
隐私和数据存储处理方式	参与者的回答将会保密。研究的结果可能用于报告、演示或出版物，但不会使用参与者的姓名。研究结果只能以聚合形式共享。访谈内容将被记录（音频格式）和转录，但如果没有参与者的允许，访谈内容不会被记录。如果参与者不想采访被录音，可以告知研究者。收集的数据将由一个独立的密码硬盘保护。所有记录和抄本将在研究发表后一年内销毁。如果参与者有任何疑问，也可以随时询问研究者
参与者约束	参与者接受调查为自愿无偿选择，参与者可以随时退出研究，不承担任何后果。参与者可以在任何时候要求停止访谈，也可以不回答任何不想回答的问题。参与者也可以在访谈会议开始后改变主意，只需要告知采访人即可

资料来源：本书整理所得。

附录 2　人员基本信息统计和访谈前问题

　　该数据收集工作是帮助受访者了解研究问题，帮助研究者完善半结构式访谈问卷，对研究问题和目标进行支持。四个参与者组使用相同的访谈前问卷（行为者角色，用于解释"谁做什么"，行为者角色涉及每个直接参与互动的实体和对最终结果负责的实体。客户角色，用于解释"为谁"，客户角色集合了将要接收最终结果的所有实体。高层管理人员角色，用于解释"如何做"，高层管理人员角色涉及每一个调节行为者功能的实体。支持角色，用于解释"用什么"，支持角色包括每一个帮助实现最终结果的实体）。将访谈前问卷通过微信发送给所有组的每个参与者。参与者被要求提供基本信息和回答每个问题，并在收到问卷后一周内以电子方式（QQ、微信或电子邮件）将问卷返还给研究者（见附表2-1）。

附表 2-1　人员基本信息统计和访谈前问题

人员基本信息统计（请涂黑选项框）
1. 性别：　　　　　　　　　男□　　女□
2. 您的年龄范围是多少？　　　22~30 岁□　　31~39 岁□　　40~49 岁□　　50 岁及以上□
3. 您的具体年龄是多少？（非必填项）　　　　　　　　　　　　岁
4. 您的最高学历是什么？　　　本科□　　硕士研究生□　　博士研究生□
5. 您现在的职位是什么？
6. 您在小微创意企业工作了多少年？　　　5 年以下□　　6~12 年□　　13 年及以上□
7. 您熟悉小微创意企业价值实现的运营模式和基于此的文化企业家胜任力吗？
是□　否□

续表

访谈前问题（请用 5~8 句话概述您对每个问题的回答）

1. 请描述您所在组织的运营模式，并与所提供的创意到创新转化运营过程进行比较？

答：

2. 在您看来，哪些关键方面对贵企业的优异绩效产生了影响？

答：

3. 您是否了解能力和胜任力的区别，请解释。

答：

4. 文化企业家胜任力和企业家胜任力有什么异同，请举例说明。

答：

5. 在您看来，要让小微创意企业成功经营，文化企业家应该具备哪些胜任力？

答：

资料来源：本书整理所得。

附录3 半结构式访谈问题及对应的研究问题

半结构式访谈是按照计划对四个类别的参与者群体（行为者角色，用于解释"谁做什么"，行为者角色涉及每个直接参与互动的实体和对最终结果负责的实体。客户角色，用于解释"为谁"，客户角色集合了将要接收最终结果的所有实体。高层管理人员角色，用于解释"如何做"，高层管理人员角色涉及每一个调节行为者功能的实体。支持角色，用于解释"用什么"，支持角色包括每一个帮助实现最终结果的实体）进行采访。采访开始时解释了访谈如何进行，并介绍了在采访过程中每个人的角色（受访者和采访者）。在半结构式访谈中，参与者被提问了 17 个开放式问题，这 17 个开放式问题对四组中的所有参与者而言都是一样的（见附表 3-1 和附表 3-2）。

附表 3-1　半结构式访谈问题及对应的研究问题

研究问题	访谈问题
小微创意企业推动创意到创新转化价值实现的运营模式是什么？有什么特征？	1. 贵公司现在的核心业务和主要产品是什么？请您详细描述核心业务和主要产品的生产、管理及商业流程？ 2. 请问贵公司产品（创意）被市场接受（创新）的主要因素是什么？ 3. 请问产品创意到创新转化过程中是否有企业最重要的增值点，请解释为什么有或为什么没有。 4. 请问您和合作伙伴、客户等利益相关者在行业中各自扮演的角色是什么？ 5. 请您详细描述产品、支付、管理和信息是如何在合作伙伴、客户及其他利益相关者中流动的？ 6. 请问影响贵公司价值创造的因素是什么？请您谈一谈与用户、合作伙伴和其他利益相关者的关系，以及关系的性质和它们参与企业发展的程度。 7. 请问贵公司的盈利模式是什么？（请用事件举例说明）

续表

研究问题	访谈问题
基于小微创意企业创意到创新转化价值实现的运营模式的文化企业家胜任力有哪些？	1. 请问是什么促使您成为一名文化企业家？ 2. 贵公司连续三年规模不断扩大并保持盈利，您认为其中最关键的事件有哪些？ 3. 您在企业运营的创意环节需要处理哪些关键性事务？您觉得哪些关键事务处理起来得心应手？哪些比较困难？为什么？ 4. 您在企业运营的创新环节需要处理哪些关键性事务？您觉得哪些关键事务处理起来得心应手？哪些比较困难？为什么？ 5. 请描述、评论贵公司运营过程中您遇到过印象最深刻的优势、挑战和风险，并详细说明处理过程。 6. 请问企业运营期间存在哪些紧张关系（如果有的话请说明您是如何处理的）？ 7. 您如何在经营企业中创造良好的员工体验和自我体验？ 8. 请问贵公司过去三年有没有追求过新市场？如果有请描述追求这些新市场的事件和过程？ 9. 贵公司接下来有什么新规划？ 10. 请问让您始终保持热情去实现企业良好业绩的动力和支持是什么？（请用事件举例说明）

资料来源：本书整理所得。

附表3-2　半结构式访谈详细信息汇总

参与者 ID	职务	访谈总时长	转录数据页数
GMA	总经理	3 时 14 分	42
GMB	总经理	3 时 12 分	41
GMC	总经理	3 时 10 分	41
GMD	总经理	2 时 54 分	39
GME	总经理	3 时 15 分	43
GMF	总经理	2 时 50 分	39
DDA	设计总监	54 分	12
OCA	办公室主任	1 时 15 分	15
DOB	运营总监	52 分	11
EHB	行政人力总监	50 分	10
TDC	技术总监	55 分	13
EHC	行政人力总监	57 分	13
DOD	运营总监	50 分	11

续表

参与者 ID	职务	访谈总时长	转录数据页数
OCD	办公室主任	1 时 07 分	14
DOE	运营总监	53 分	12
DDE	设计总监	52 分	11
PDF	项目总监	1 时 12 分	15
OCF	办公室主任	1 时 10 分	15
CEA	合作企业总经理	56 分	12
CEB	合作企业总经理	1 时 12 分	15
IAB	行业分析专家	53 分	10
CEC	合作企业总经理	54 分	12
CED	合作企业总经理	57 分	11
IAD	行业分析专家	52 分	11
CEE	合作企业总经理	1 时 05 分	13
CEF	合作企业总经理	52 分	10
CUA	客户企业总经理	58 分	12
CUB	客户	57 分	13
CUC	客户企业总经理	1 时 12 分	15
CUD	客户企业总经理	55 分	11
CUE	客户	1 时	13
CUF	客户企业总经理	57 分	12
总计	32	44 时 02 分	567

资料来源：本书整理所得。

附录4　试探性问题

在半结构化访谈完成的情况下，如果参与者没有提供足够的信息来回答支持所陈述的研究问题，将会询问额外的试探性问题。试探性问题在访谈性问卷完成后，由没有提供足够信息的参与者回答（见附表4-1）。

附表4-1　试探性问题

试探性问题
1. 如何描述小微创意企业创造价值的过程？请您举例说明。
答：
2. 请您描述影响贵公司成功经营的关键性事件和其中涉及的相关人员及其贡献。
答：
3. 在您看来，贵公司的文化企业家是如何影响企业经营的？
答：

资料来源：本书整理所得。

附录5　研究者日志

研究人员的日志被用来记录参与者在四个参与者组的半结构化面试过程中的观察数据（行为者角色、客户角色、高层管理人员角色、支持角色），包括身体语言、面部表情，以及对每个问题的总体反应，以进一步确定参与者的舒适度、信心和回答每个问题的总体意愿（见附表5-1和附表5-2）。研究者日志可以作为判断问卷可靠性的依据。

附表5-1　面对面访谈观察

观察项目	程度		
1. 肢体语言和注意力	高□	中□	低□
2. 眼神交流	高□	中□	低□
3. 访谈时的舒适度	高□	中□	低□
4. 回答问题意愿	高□	中□	低□
5. 回答问题的耐心	高□	中□	低□
6. 回答内容的实质性程度	高□	中□	低□
7. 对问题的关注程度	高□	中□	低□
8. 回答/反馈的质量（与问题直接相关）	高□	中□	低□

资料来源：本书整理所得。

附表5-2　参与者访谈观察记录

参与者	肢体语言和注意力	眼神交流	访谈时的舒适度	回答问题意愿	回答问题的耐心	回答内容的实质性程度	对问题的关注程度	回答反馈的质量（与问题直接相关）	程度占比（%）		
									低	中	高
GMA	高	中	高	高	高	高	中	高	0	25	75
GMB	高	低	高	高	高	中	中	高	12.5	25	62.5

续表

参与者	肢体语言和注意力	眼神交流	访谈时的舒适度	回答问题意愿	回答问题的耐心	回答内容的实质性程度	对问题的关注程度	回答反馈的质量（与问题直接相关）	程度占比（%）		
									低	中	高
GMC	高	高	高	高	高	中	中	高	0	25	75
GMD	高	高	高	高	高	高	低	高	12.5	0	87.5
GME	高	中	高	高	高	中	中	高	0	37.5	62.5
GMF	高	高	高	高	高	高	高	高	0	0	100
DDA	高	低	中	中	高	高	低	高	25	25	50
OCA	中	中	高	高	高	高	中	高	0	37.5	62.5
DOB	高	高	高	高	高	高	高	高	0	0	100
EHB	高	高	高	中	中	中	低	高	12.5	37.5	50
TDC	高	低	中	中	高	高	低	高	25	25	50
EHC	中	高	中	高	高	高	中	高	0	37.5	62.5
DOD	中	高	高	高	高	高	高	高	0	12.5	87.5
OCD	中	低	中	中	高	中	低	高	25	50	25
DOE	高	低	中	中	高	中	低	高	25	37.5	37.5
DDE	中	中	中	中	中	中	中	中	0	100	0
PDF	高	中	高	中	中	高	低	高	12.5	37.5	50
OCF	高	高	高	高	高	中	中	高	0	37.5	62.5
CEA	高	低	中	中	中	高	低	高	25	37.5	37.5
CEB	中	中	中	中	中	高	低	高	12.5	50	37.5
IAB	高	高	高	高	高	高	高	高	0	0	100
CEC	中	低	中	中	高	中	中	中	12.5	75	12.5
CED	高	中	中	高	高	高	低	高	12.5	37.5	50
IAD	高	高	高	高	高	高	高	高	0	0	100
CEE	高	中	高	中	高	中	中	中	0	62.5	37.5
CEF	高	高	高	中	高	中	中	高	37.5	62.5	
CUA	高	高	中	高	高	中	中	高	0	37.5	62.5
CUB	高	低	中	中	高	中	低	中	25	50	25
CUC	中	中	低	中	高	高	低	高	25	37.5	37.5

续表

参与者	肢体语言和注意力	眼神交流	访谈时的舒适度	回答问题意愿	回答问题的耐心	回答内容的实质性程度	对问题的关注程度	回答反馈的质量（与问题直接相关）	程度占比（%）		
									低	中	高
CUD	高	中	高	中	高	中	中	中	0	62.5	37.5
CUE	高	中	高	高	高	高	中	高	0	25	75
CUF	中	低	低	中	高	高	低	高	37.5	25	37.5

资料来源：本书整理所得。